또 하나의 교토

교토의 그리스도교 유적 여행

또 하나의 교토
교토의 그리스도교 유적 여행

초판 1쇄 발행 2024년 4월 1일

지은이	스기노 사카에
번 역	전미진
편집자	이원식
표지디자인	이원식
편집디자인	박예은
펴낸곳	정감스토리
펴낸이	정진미
출판등록	제2021-000011호
주 소	대전시 서구 월평동로45, 110-106
이 메 일	ukicineyo@naver.com
홈페이지	https://blog.naver.com/wayofchrist

값 17,000원
ISBN 979-11-959501-5-7(03910)

이 책의 한국어판 저작권은 저자와 독점 계약한 정감스토리에 있습니다.
저작권법에 의해 한국 내에서 보호받는 저작물이므로
글과 사진의 무단 전재와 무단 복제를 금합니다.

일러두기

책 안의 QR코드를 스마트폰으로 찍으면
장소를 쉽게 찾아갈 수 있는 '구글 지도'로 연결됩니다.

교토의 그리스도교 유적 여행

또 하나의 교토

스기노 사카에 지음 | 전미진 옮김

정감스토리

추천의 글

이진철 목사 (일본 교토 라쿠사이교회)

왜 일본의 기독교는 오랜 선교 역사에도 불구하고 여전히 1퍼센트에 머물러 있는가에 대하여 천황제, 애니미즘 문화, 불교와 신도, 종교에 대한 불신 등, 복합적인 문화적 요인들이 거론됩니다. 그러나 무엇보다도 교토 곳곳에 남아 있는 250년 이상 계속된 기독교에 대한 박해의 흔적들은 여전히 일본 사회가 기독교를 받아들이기에 얼마나 힘든 상황인가를 소리 없이 알려주고 있습니다. 이 책을 통하여 천년고도 교토의 사찰과 신사 안에 숨겨진 기독교 박해의 흔적들을 엿볼 수가 있습니다. 이 책은 일본 기독교를 좀 더 깊이 이해하게 되는 길라잡이일 뿐 아니라 현재 우리가 누리고 있는 신앙의 자유가 얼마나 소중한지도 깨닫게 해줍니다. 주님은 여전히 기독교에 대한 보이지 않는 박해의 환경 속에서도 1퍼센트 남짓의 일본 기독교인과 선교사들을 통하여 방방곡곡에 교회들을 세우시고 선교의 일을 행하게 하십니다. 한국어 출판을 진심으로 감사드리며, 이 책이 일본 선교에 대한 이해와 도구로 사용되기를 간절히 기도합니다.

백이삭 선교사 (오사카 YWAM)

2017년 정감스토리의 이원식 감독님과 함께 스기노 사카에 목사님 부부를 찾아뵈었던 때를 기억합니다. 오랫동안 연구하고 몸소 찾아낸 일본 기독교의 여러 역사 자료들을 하나하나 소개하며 들려주시던 목사님의 말씀을 통해, 일본의 믿음의 선배들의 행적을 알게 되었고, 저희의 가슴이 뜨거워졌습니다. 그러한 일본에서 제가 사역자로 섬길 수 있음이 얼마나 영광된 것인지 감격하며 하나님께 감사했습니다 스기노 목사님의 책이 한국어로 번역 출간되어 한국에도 그 믿음의 유산을 나누어주시는 주님을 찬양합니다. 이 책을 통해 하나님의 선교를 이어 감당할 다음 일꾼들이 더욱 불같이 일어나기를 기대합니다.

나명화 목사 (영성지도 사역자)

잊힌 역사가 잊힌 듯하나 차마 잊힐 수 없는 것은 그 역사가 하나님께로부터 시작되었기 때문이고, 그 역사의 흔적을 찾아서 기억으로 다시 소환하는 고된 일을 묵묵히 하고 있는 하나님의 사람들이 있기 때문이다. 이 책은 교토에서의 하나님의 역사를 기록한 책이다. 이 책을 읽는 동안 우리는 400여 년 전 교토에서 하나님을 사랑한 사람들을 시간을 넘어 만나고, 교토를 넘어 일본을 향한 하나님의 포기할 수 없는 사랑을 느끼며, 일본을 다시 생각하고 품게 된다. 교토 구석구석을 다니며 하나님의 사람들의 흔적이 잊히지 않도록 일생을 헌신한 분들에 대한 감사로 절로 마음이 숙여지는 책이다. 그래서 교토에 한번 가 보고 싶다. 지금도 교토에서, 일본에서 살아서 역사하시는 하나님을 만나러.

이세영 목사 (나우투어 대표, 온누리교회)

헝클어진 실뭉치는 쉽게 사용할 수 없다. 그래서일까? 헝클어진 상태 그대로 잡동사니를 담아둔 상자 한켠에 아무렇게나 놓여 있든지, 아니면 깔끔하게 휴지통에 들어가 그 운명(?)을 다하든지. 암튼, 중요하지도 소중하지도 않은 어떤 것일 뿐이라고 생각하면 그만이다. 하지만 그 실의 가치와 의미를 아는 이는 헝클어진 뭉치를 앞에 두고, 실패를 한 손에 들고 오랜 시간을 견디면서 헝클어진 뭉치 속에서 실 끝을 찾고 뭉치 사이사이 오고 가면서 실패에 한 바퀴씩 천천히 돌린다. 마침

내 실패에 감겨있는 실은 헝클어진 실뭉치와는 전혀 다른 모양과 쓰임새로 변한다. 기독교 신앙적 관점에서 교토는 헤아릴 수 없이 많은 신사와 사찰로 둘러싸인 관심 밖의 헝클어진 실뭉치처럼 보일 것이다. 그래서 교토에서 '기독교'를 말하지 못했다. 기대조차 없었다. 하지만 저자의 수고와 애씀을 통해 태어난 이 책을 읽는다면 더 이상 교토는 헝클어진 실뭉치가 아니다. 책의 챕터를 하나씩 읽어가며 교토의 골목길과 사원들을 돌아보며 확인하게 된다면 우리는 분명 생각지도 못한 신앙적 유익과 도전 그리고 감사와 은혜를 만날 것임을 확신한다. 잘 정돈된 실패들이 있어야 아름답고 멋진 옷의 패턴이 만들어지듯, 이 책은 우리에게 교토를 찾게 하고 나의 신앙을 좀 더 깊고 아름답게 만들어 줄 것임을 의심하지 않는다. 교토에 간다면, 강력히 일독을 권한다.

장영배 선교사 (레바논)

오랜 시간 동안 교토에서 섬김의 길을 걷고 있는 저자가, 교토 곳곳의 그리스도교 유적지를 자신의 느낌과 함께 담담하게 소개한다. 안내를 따라가다 보면 어느새 수백 년 전 그 땅을 처음 밟은 선교사들, 믿음을 지키다 처형된 순교자들, 숨죽이며 믿음을 지켜낸 신자들을 만나게 된다. 교토에서 그리스도교 유적지 탐방을 하고 싶은 여행객들에게 더없이 좋은 안내서가 될 것이라 생각한다. 좋은 책을 번역하고 출판해 준 정감스토리에 감사드린다.

이원식 감독 (영화제작소 정감)

여행은 늘 우리를 들뜨고 설레게 만듭니다. 전 세계의 사람들이 가장 가고 싶어하는 여행지 1위 교토. 그런 교토 여행이라면 더 그럴 것입니다. 이 책은 교토를 또 다른 관점에서 여행할 수 있게 만드는 즐거운 책입니다. 하지만 한편으로 우리는 이 책을 들고 교토를 여행하면서 일본의 지난 역사 속에서 살았던 뜨거운 그리스도인들을 만나게 됩니다. 그 믿음의 선배들은 죽음 앞에 선 고난 속에서도 자신의 신앙을 지켰습니다. 오늘날 그들의 신앙을 어떻게 평가할 것이며 어떻게 표현할지는 사실 어려운 문제이고 여러 논쟁도 존재합니다. 하지만 논쟁보다 중요한 사실은 그리스도의 복음이 일본에 전해졌고, 그것을 완성해야 하는 것은 우리의 선교적 사명이라는 점입니다. 이 책은 단지 일본 선교 역사를 지식으로 이해하기 위한 책이 아닙니다. 이 책은 직접 손에 들고 교토를 여행하며 약 500년 전 교토에 살며 뜨겁게 그리스도를 구했던 사람들을 가슴으로 느끼기 위한 안내서입니다. 낯선 일본의 지명들과 이름들을 하나하나 찾아가는 수고스러움의 열매는 생각보다 훨씬 더 달고 시원합니다. 오래전 찍은 사진의 장소가 지금은 어떻게 변했는지를 살펴보는 시간도 나만이 발견할 수 있는 큰 즐거움입니다.

정진미 대표 (정감스토리)

일본 교토를 바라보는 눈이 바뀐 것은 이 책을 만나면서부터였다. 일본의 대표적인 관광지라고만 생각했던 교토를, 곳곳에 기독교 역사가 살아 숨 쉬고 있는 곳으로 다르게 바라보게 된 것이다. 교토에 500여 년 전 일본 기독교 역사의 뿌리가 있었다는 사실을 믿을 수가 없었다. 미전도 종족이라고까지 표현되는 일본 땅에 말이다. 대한민국은 건국 이후로 세계에서 가장 많은 선교사를 열방에 보내는 나라 중의 하나가 되었다. 그 열방 중의 한 나라가 바로 일본이다. 가장 가깝지만 가장 먼 나라, 바로 이웃 나라 일본이다. 그곳에 뿌려진 많은 복음의 씨앗들은 열매 맺지 못하고 다 죽어버린 것만 같았다. 하지만 이 책을 만나게 되면서, 여전히 일본 땅 깊은 곳 어딘가엔 열매 맺기를 기다리고 있는 씨앗이 있을지도 모른다는 생각을 하게 되었다. 그리고 어쩌면 이 책을 출간하는 일이 또 하나의 씨앗이 될지도 모른다는 생각을 해본다. 오랜 시간

붙잡고 있던 이 책을 이제는 세상으로 보내려 한다. 날개를 달고 꼭 필요한 곳에 잘 도착하길 소망한다. '그분의 힘의 위력으로 역사하심을 따라 믿는 우리에게 베푸신 능력의 지극히 크심이 어떠한 것을 너희로 알게 하시기를 구하노라' (에베소서 1:19)

정감스토리_유튜브

'사랑이 없이는...'
라쿠사이, 스기노 사카에
2022년 5월 24일

저자 서문

저는 교토라는 단어를 듣기만 해도 설렙니다. 그 이유는 사계절이 철마다 아름다움을 수놓기 때문만은 아닙니다. 교토의 역사 속에서 살았던 사람들의 이야기에 강한 매력을 느끼기 때문이 아닐까 생각합니다.

천 년을 지나온 일본의 옛 도읍의 신비한 매력은 교토를 방문하는 외국인들에게도 깊은 감동을 줍니다. 교토의 문화에 대한 흥미 때문이라고 짧고 간단하게 표현하는 것으로는 부족할 만큼 강한 인상이 그들에게 남겨지기 때문인 것 같습니다. 자연의 아름다움을 머금은 사찰이 가진 정숙한 자태와 오랜 역사 속에서 고고하게 지켜온 풍성한 정신 세계가 목마른 시대를 살고 있는 사람들의 마음을 사로잡은 것일지도 모릅니다.

이 책을 쓰게 된 이유는 교토의 역사를 사랑하는 사람들에게 지금은 잊힌 과거가 되어 버린 교토의 그리스도교인들의 이야기를 꼭 기억해 주었으면 하는 바람 때문이었습니다. 오랫동안 평온한 시대를 거쳐온 교토에서 처절하게 진리를 찾아 끝까지 믿음을 지켜왔던 그리스도교인들의 이야기는 교토 사람들에게조차 알려지지 않은 채 깊은 어둠 속에 묻혀 있었습니다. 하지만 그것은 사라져가는 교토의 진짜 역사이기도 합니다.

그리스도교인들에 대한 이야기라면 나가사키를 연상하는 사람이 많을 것입니다. 그러나 교토야말로 '하비에르'(Francis Xavier, 1506-1552)[1]가 일본에 온 이후 많은 그리스도교인들의 이야기가 있는 역사와 문화의 중심지였습니다. 하지만 오히려 그랬기 때문에 더욱 숨길 수밖에 없었던 교토만의 상처였을지도 모릅니다.

그러나 지금 우리는 솔직하고 정직한 역사를 알고 싶어하는 시대를 맞이했습니다. 그렇기 때문에 오늘날 교토의 그리스도교인들의 발자취를 찾아가는 것은 새로운 또 하나의 교토의 모습을 발견할 수 있는 중요한 여정이 될 것이라고 저는 믿고 있습니다. 그 믿음에 대한 작은 한 걸음을 떼기 위해 저는 이 책을 쓰게 되었습니다. 이 책을 읽게 될 독자 여러분의

---

1 하비에르: 1549년 일본에 처음으로 그리스도교를 전한 선교사.

마음에 교토에 대한 새로운 생각이 전해지고, 조금이라도 마음이 움직여진다면 그것만으로도 저에게는 매우 큰 기쁨이 될 것입니다.

  이번에 저의 책을 한국에서 출판하고 싶다는 의향을 듣고 도움이 되었으면 하는 마음으로 기쁘게 승낙했습니다. 1949년 하비에르가 일본 선교를 시작한 이후, 많은 사람들이 기독교 신앙을 갖게 된 반면, 시대가 지나면서 많은 고난과 박해를 받게 되었고, 신앙을 지키는 것이 얼마나 고통스러웠던가를 한국의 독자들이 이 책을 통하여 조금이라도 이해할 수 있었으면 하는 바람입니다.

2023년 11월, 스기노 사카에 목사

들어가는 글
하비에르에 의한 그리스도교 전래

야지로와의 만남

1547년(덴분 16년) 12월의 어느 날, 말라카[2]의 성 산타마리아교회 앞으로 포르투갈인 선장이 두 명의 일본인을 데리고 나타났습니다. 교회 안에선 결혼식이 열리고 있었습니다. 선장과 일본인들은 누군가를 초조하게 기다리고 있었습니다. 그 일본인 중의 한 사람이 일본 최초로 그리스도교인이 된 야지로였습니다. 그리고 야지로[3]가 기다린 신부는 바로 일본에 그리스도교를 전해준 프란시스코 하비에르 신부였습니다.

결혼식이 끝나고 나온 하비에르에게 선장은 일본인을 소개해 주었습니다. 그것이 야지로와 하비에르 신부의 첫 만남이었습니다. 이렇게 야지로는 하비에르를 만난 최초의 일본인

---

2 말라카: 말레이시아의 도시.
3 야지로: 선교사 하비에르의 편지에는 '안지로'라고 기록되어 있다.

이 되었습니다. 신부를 소개받은 야지로는 자신이 배운 포르투갈어로 자신의 신분을 말하고 이날을 얼마나 기다려왔는지에 대해 전한 것으로 보입니다.

몇 년 전, 야지로는 하비에르 신부를 방문한 적이 있었지만 만날 수가 없었습니다. 하비에르가 선교를 떠나 부재중이었기 때문이었습니다. 야지로는 실망한 채 일본으로 돌아갈 수밖에 없었습니다. 그런데 일본에 도착하기 전에 야지로가 탄 배는 큰 폭풍을 만났습니다. 결국 야지로는 일본 땅을 밟을 수 없었고, 그가 탄 배는 다시 되돌아가게 된 것입니다. 그렇게 말라카로 돌아온 야지로는 다시 하비에르 신부를 만날 수 있기를 간절히 바랬고, 그 기회를 얻게 된 것입니다. 그리고 결국 두 사람은 운명적인 만남을 갖게 됩니다.

사마즈번의 무사 출신이었던 야지로는 어떤 사건으로 인해 살인을 저질렀고 외국으로 도망가 숨어 살고 있었지만 태생적으로 착한 성격이었던 그는 마음속으로 큰 고통을 겪고 있었습니다. 야지로는 그런 속마음을 자신이 탄 배의 선장에게 고백했고, 선장은 야지로가 하비에르 신부에게 고해성사를 하면 무거운 짐을 덜 수 있을 것이라고 생각했습니다. 그래서 그를 데리고 말라카에 있는 하비에르를 찾아간 것입니다.

야지로는 하비에르에게 조국을 버리고 도망쳤던 괴로운 과

거를 솔직하게 고백했고, 그 고통에서 벗어날 수 있게 해달라고 도움을 청했습니다. 야지로의 이야기와 그의 고백에 하비에르의 마음이 움직였습니다. 야지로의 고백은 하비에르가 아시아 선교를 위해 사명감을 갖게 되는 큰 계기가 되었으며, 가족과 조국을 멀리 떠나 일본으로 가고 싶을 만큼의 큰 울림을 주었습니다.

"이런 아시아인은 본 적이 없어. 그의 나라 일본으로 가서 하나님의 구원 계획을 전해야겠어." 하비에르는 일본 선교를 위한 하나님의 부르심을 느끼게 됩니다. 그는 야지로와의 만남이 결코 우연이 아닌 하나님의 계획이라고 강하게 느꼈습니다. 그리고 그런 그의 마음은 그가 남긴 기록을 통해 지금까지 전해져 옵니다.

◀ 로마 가톨릭 가와리마치교회
▶ 교회 정면 스테인드글라스

일본을 향해 부는 바람

1549년(덴분 18년), 하비에르는 자신을 기다리고 있다고 믿어지는 일본을 향해 출발했습니다. 토레스 선교사, 페르난데스 선교사, 그리고 이미 그리스도교인이 된 야지로를 포함한 세 명의 일본인이 함께했습니다. 그런데 당시에는 포르투갈에서 일본으로 가는 배편이 없었기 때문에 그들은 중국인 소유의 목조로 된 소형 범선을 타고 일본을 향해 떠났습니다. 하지만 항해는 순조롭지만은 않았습니다. 거친 해류 위에서의 범선 생활은 상당한 위험을 동반하는 여정이었습니다. 그러기를 2개월이 지나서야 그들은 출렁이는 배 위에서 가고시마(사츠마) 섬을 볼 수 있었습니다. 아마도 그들의 기쁨은 이루 말할 수 없었을 것입니다.

1549년 8월 15일, 하비에르 일행은 가고시마에 상륙했습니다. 그들이 상륙했던 곳은 현재 가고시마시 기온노스 공원 근처의 항구였다고 합니다. 8월 15일은 성모 마리아의 승천을 기념하는 대축일이었기 때문에 하비에르 일행은 더욱 기뻐했다고 전해집니다.

당시는 일본이 가고시마를 통해 외국 문호를 받아들이며 개방 정책을 시행한 때였습니다. 그러나 포르투갈인에 의해 대포가 들어오면서 처음으로 서양 문화를 접하게 된 전국 시대였기 때문에 마치 해적선처럼 보이는 하비에르가 탄 범선이 쉽게 입항할 수 있는 시기는 아니었습니다. 사츠마[4] 반도에는 '보노츠'라는 관문이 설치되어 있었습니다. 예전에는 이세자키의 아노츠, 치쿠젠의 하카타츠와 함께 일본 3대 항구 중의 하나로 불린 항구로 견당사의 기항지였던 곳입니다.

동중국해의 거친 파도를 이기고 힘겹게 일본에 도착한 하비에르를 태운 범선도 이 항구에서 사츠마 입항 허가를 받았을 것입니다. 그리고 사쿠라지마 앞의 기온노스항(토바시라항)에 상륙했다고 생각할 수 있습니다. 만약 그렇다면 매우 흥미로운 일이 됩니다. 왜냐하면 하비에르보다 800년 남짓 앞선 753년(덴표쇼호 5년)에 일본 불교에 큰 공헌을 한 당나라 승려 간진(鑑眞)이 도착한 곳도 기온노스항이었기 때문입니다. 간진이 불교의 계율을 전하려고 여섯 번의 도일에 도전한 끝에 가까스로 도착한 항구에, 800년 뒤에 하비에르가 예수의 가르침을 전하기 위해 도착한 것입니다. 이것은 문명의 충돌인 동시에 오늘날의 일본이 종교와 관련성이 높음을 설명하는 상징적인 사건이기도 한 매우 놀라운 일입니다.

---

4 사츠마(혹은 사쓰마)란 이름은 한때 가고시마번으로 불렸으며 현재는 가고시마현으로 불린다. 그러나 지금도 사츠마라고 통칭해서 부르기도 한다. 약 600년간 시마즈 가문의 통치를 받은 지역이다.

교토를 향해

하비에르는 사츠마에 상륙한 뒤에 2년 동안 교토로 가는 꿈을 꾸며 일본 종교를 배우기 위해 사찰을 방문하거나 교리서를 만들며 시간을 보냈습니다. 하나님의 이름을 '다이니치'(大日)라고 부르게 된 것도 이즈음이었습니다.

교토로 가서 천황의 선교 허가만 받게 된다면 일본인들이 신앙을 받아들일 것이라고 생각하면서 교회에서 예배드리는 교토 사람들의 모습을 상상하고 있었기 때문에 하비에르는 교토로 가는 긴 여정도 힘들지 않았습니다. 교토가 보이자 춤을 추며 좋아하는 모습은 동행하던 일행들을 놀라게 할 정도였습니다.

그러나 당시 교토의 현실은 하비에르가 꿈꾸던 모습이 아니었습니다. '오닌의 난'[5]으로 인한 상처가 회복되지 않은 상황의 교토는 천황의 소재조차 알 수 없을 정도로 어지러운 상황이었습니다. 그러니 선교 허가를 받는다는 꿈은 아예 이룰 수도, 생각할 수도 없는 형편이었습니다. 야지로의 안내를 받으며 설레는 마음으로 교토를 찾아온 하비에르의 꿈은 산산조각이 났지만 오히려 마주한 상황은 더욱 하비에르의 마음을

---

5 오닌의 난은 일본 무로마치 시대인 1467년부터 1477년까지 교토에서 일어난 11년 동안의 내전이다.

불타오르게 했습니다. 거리에서 가난하게 살고 있는 사람들에게 하비에르는 하나님의 복음을 전하려고 힘썼습니다. 지금까지 서양인을 본 적도 없는 교토 사람들에게 그런 하비에르의 모습은 이상하게 비춰졌을 것입니다. 일본인들이 알아들을 수 없는 이상한 언어로 말하는 하비에르를 아이들은 웃으며 놀려댔고, 그에게 돌을 던지는 사람도 있었습니다. 교토에서 십여 일을 지내던 하비에르는 결국 천황을 만나지 못하고 교토를 떠날 수밖에 없었습니다. 하비에르는 동역자들과 함께 교토에서 사카이[6]로 내려갑니다. 당시에 하비에르는 교토의 남쪽 토바(鳥羽)에서 배를 탔습니다. 하비에르는 점점 멀어져가는 교토에서 눈을 떼지 못한 채 깊은 슬픔을 견디며 중얼거리듯 기도했다고 전해집니다.

이후, 하비에르의 일본 사역은 그가 교토에서 경험한 것을 토대로 이루어졌습니다. 하비에르가 일본에 머물렀던 2년 동안, 일본인을 향한 그의 사랑과 기대는 시간이 흐르고 장소가 바뀌어도 더욱 강해졌던 것 같습니다. 하지만 1551년 하비에르는 일본을 떠나 또 다른 사명을 위해 중국으로 떠나게 됩니다.

그 이후, 하비에르의 기도는 그의 선교 서신을 읽은 다른 선

---

6 사카이: 교토와 오사카 아래 쪽에 위치한 도시.

예배 풍경

교사들에게 전해졌고, 그의 서신에 감동 받은 많은 선교사들이 그의 뜻을 이어가기 위해 생명을 걸고 먼 일본으로 향하게 되었습니다. 긴 고난을 거쳐 교토의 교회에서 예배드리기를 소망하던 하비에르의 뜨거운 기도는 수백 년의 시간을 거쳐 1879년, 빌리온 신부가 교토에 오게 되면서 응답됩니다. 그리고 지금의 카와라마치산조아가루(川原町三条上ル)에 1890년 5월 교회가 건축되었고, 성 프란시스코 하비에르에게 바쳐졌습니다. 오늘날 이 교회에서는 성자가 된 프란시스코 하비에르를 추모하는 많은 사람들이 모여 뜨겁게 평화의 기도를 드리고 있습니다.

목차

추천의 글 4
저자 서문 12
들어가는 글 | 하비에르에 의한 그리스도교 전래 15

I 라쿠츄(洛中) 주변 | 바람은 교토에서

교토 난반지(南蛮寺) ——————————————— 32
하비에르의 도착 (旧 二条城 구 니조선)　　32
난반지 (도시샤대학 도서관 앞의 초석)　　38

일본 26성인 발상지 (妙満寺跡 묘만지 터) ——————— 43
26성인 발상지　　44
프란시스코의 집(수도원, 병원 터)과 그리스도교 문화 자료관　　47
이치조 교차로(一条の辻路) – 가미교회회 터(게이초 천주당)　　53
이치조 모도리바시(一条戻り橋)　　54

도지(東寺), 라조몬 유적(羅城門遺跡) ——————————— 58

로잔지(蘆山寺)
(그리스도교 다이묘 '아리마 하루노부'의 아내 쥬스타의 묘) ——— 62

혼노지(本能寺) ——————————————————— 65

II 키타오지도리(北大路通り) 주변 |
교토 사원과 그리스도교 다이묘

다이토쿠지(大德寺) ──────────── 70
즈이호인(瑞峰院) (오토모 소린의 보리사, 십자가 정원)　　70
고토인(高桐院) (호소카와 타다오키, 가라샤의 묘비)　　76

III 히가시야마(東山), 가모가와(鴨川) 주변 |
교토의 순교와 영광

겐나 대순교지 터 ──────────── 86
교토 국립박물관 (도요쿠니豊国 신사, 호코지方広寺, 귀무덤耳塚)　　87
겐나 그리스도교 순교비　　97
　　<겐나 그리스도교인 순교비 건립에 대해>
　　<겐나 순교자 시복>
베아타스회　　105
교토대학 종합 박물관 (마리아 십오현의도, 그리스도교인 묘비)　　109
　　<성교토 성모상>
주넨지(十念寺) (마나세 도산)　　117
그리스도교와 다도 1 (류코지(龍興寺) (다이토쿠지(大德寺) 내),
조안(如庵) 겐닌지(建仁寺)의 쇼덴 에이겐인(正伝永源院))　　125

Ⅳ 라쿠사이(洛西) 주변 | 지켜낸 유물

니시노쿄(西ノ京) 다이우스초 ——— 136

츠바키테라(椿寺)
(지조인(地藏院), 훼손된 그리스도교인 묘비) ——— 139

묘신지(妙心寺) 슌코인(春光院)의 난반지 '종' ——— 144

쇼린지(松林寺) 그리스도교인 묘비
(라쿠사이 침례교회의 마경, 교토 그리스도교 역사연구회 자료실) ——— 152

주라쿠다이 터(聚楽第跡) ——— 155

그리스도교와 다도 2 (무샤노코지센케-칸큐안) ——— 157

그리스도교 등롱
(기타노텐만구(北野天満宮), 카츠라리큐(桂離宮)) ——— 163

후루타 오리베(古田織部)
(코쇼지(興聖寺)의 산겐인(三玄院) - 다이토쿠지(大德寺) 내) ——— 166

Ⅴ 교토 주변의 그리스도교인 |
교토와 그리스도교 다이묘들

다카야마 우콘(1552~1615) ——— 172

나이토 조안(1550?~1626) ——— 174

고니시 유키나가(1555?~1600) ——— 176

호소카와 가라샤(1563~1600)
(가라샤 부인 은둔지 비, 쇼류지성 공원) ——— 179

연표 184
맺는 말 188
촬영 후기 192
출판 후기 196

본문 아래의 기사

기온마츠리에서 볼 수 있는 성서 그림	61
이즈모노 오쿠니	108
콜베 신부와 성모상의 인연	125
교토 카르멜회 수도원(여자)	143
간사이 세미나 하우스	162
모건 오유키	166

본문 사진 | 시마자키 켄지

가톨릭, 기독교, 기리시탄, 그리스도교 등의 혼용에 의한 혼동을 피하기 위해, '그리스도교'라고 총칭했다. 또한 '그리스도교 신자'들은 '그리스도인' 혹은 '그리스도교인'으로 번역했다. 지명과 인물의 이름은 소리대로 표현하려 애썼지만, 한국에서는 쿄토라고 말하지 않고 교토로 표기하는 만큼, 일반적으로 한국에서 사용하는 지명 표기를 따랐다. 특별히 한국어로 추가해서 표현해야 할 장소들은 난반지(남만사)처럼 괄호를 사용해 한국어 표기를 병기했다. 이해하기 조금 어려운 내용들은 각주를 달았다.

교토의 그리스도교 유적 지도

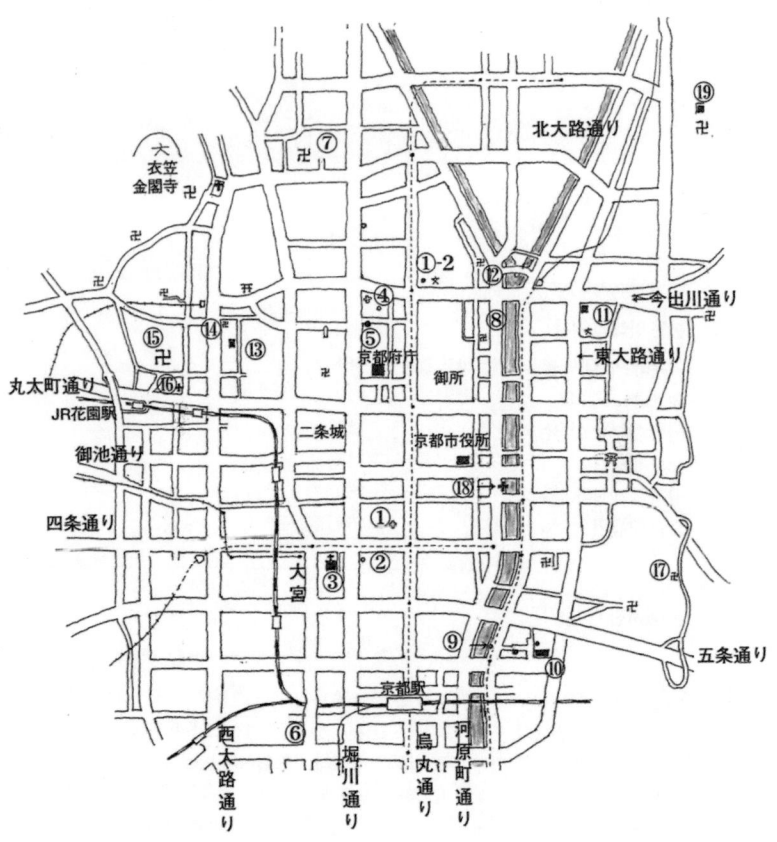

① 南蛮寺(21項)난반지(남만사)
①-2 同志社大学(21項) 도시샤대학
② 26聖人発祥地(24項) 26성인 발상지
③ フランシスコの家(27項) 프란시스코의 집
④ 上京教会跡(33項) 가미교교회 터
⑤ 一条戻橋(34項) 이치조 모도리바시
⑥ 東寺(36項) 도지
⑦ 大徳寺(瑞峰院・高桐院)(44項) 다이토쿠지(즈이호인, 고토인)
⑧ 蘆山寺(39項) 로잔지
⑨ 元和キリシタン殉教の地碑(62項) 겐나 그리스도인 순교지 비
⑩ 京都国立博物館(55項) 교토 국립박물관
⑪ 京都大学総合博物館(71項) 교토대학 종합박물관
⑫ 十念寺(76項) 주넨지
⑬ 西ノ京ダイウス町(88項) 니시노쿄 다이우스 마을
⑭ 椿寺(地蔵院)(90項) 츠바키 데라(지조인)
⑮ 妙心寺(春光院)(93項) 묘신지(슌코인)
⑯ 洛西バプテスト教会(100項) 라쿠사이 밥티스트교회
⑰ 将軍塚(74項) 쇼군즈카
⑱ カトリック河原町教会(4項) 가톨릭 가와라쵸교회
⑲ 関西セミナーハウス(103項) 간사이 세미나 하우스

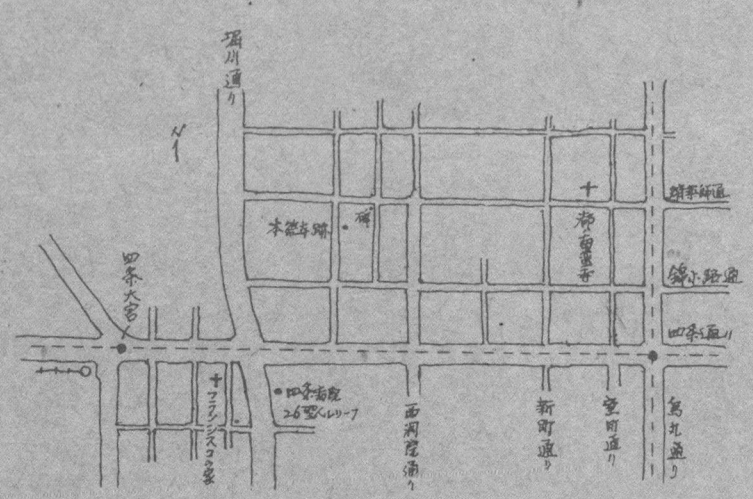

7 교토 중심 지역: 교토역 주변을 교토의 중심 지역인 '라쿠추'라고 부른다.
일반적으로 교토를 라쿠추(洛中), 라쿠토(洛東), 라쿠호쿠(洛北), 라쿠사이(洛西),
라쿠난(洛南) 등 5개 구역으로 나누어 부른다.

I
라쿠추(洛中) 주변 — 바람은 교토에서

교토 난반지 (南蛮寺남만사)

하비에르의 도착

1549년 8월15일, '프란시스코 하비에르'[8]는 이미 인도 고아[9]에서 세례를 받은 일본인 야지로와 함께 중국 범선을 타고 가고시마(사츠마)의 토바시라항에 입항했습니다. 이날은 일본인이 처음으로 서양의 그리스도교와 서양 문화를 만나게 된 역사적인 날이었습니다. 프란시스코 하비에르는 교토에서 천황의 선교 허가를 받아 일본에 복음을 전하려는 뜨거운 마음을 갖고 왔습니다. 일본의 많은 사람들이 그리스도교를 받아들일 것이라고 믿고 교토에 왔지만 하비에르가 방문한 교토는 매섭고 거친 곳이었습니다.

1551년, 사카이에서 출발해 교토에 도착한 하비에르 일행을 맞아주었던 것은 천황이 아닌 고니시 류사[10]였습니다. 당시의 쇼군[11]이었던 아시카가 요시테루가 어지러운 내전 상황

---

8 프란시스코 하비에르: 예수회 신부.
9 고아: 인도 남서부에 위치한 작은 주. 제주도 두 배 정도의 크기다.
10 고니시 류사: 임진왜란 당시 도요토미 히데요시의 부하였던 고니시 유키나가의 아버지로 약재 상인이었다.
11 쇼군: 천황에 의해 임명된 장군으로 실질적인 일본의 지배자. 다이묘라 불리는 지역의 봉건 영주들을 거느린다.

속에서 교토에서 쫓겨난 상황이었기 때문에 하비에르는 천황을 만날 방법이 없었습니다. 결국 교토의 혼란스러운 상황에 절망한 하비에르는 10일 동안 머무르다가 그토록 동경하던 교토에 미련을 남긴 채 규슈의 히라도로 가게 됩니다. 그렇게 교토에서 복음이 전해질 기회는 사라지는 듯했습니다.

하지만 하비에르의 뜻을 이어받은 선교사 가스파르 비레라가 교토에 도착하며 복음이 전해질 기회는 다시 시작되었습니다. 가스파르 비레라가 교토에 온 것은 하비에르가 온 지 10년이 지난 1559년이었습니다. 비레라는 하비에르의 편지를 통해 교토의 사정을 이미 알고 있었습니다. 비레라는 비와법사[12]였던 일본인 수도사 로렌소 형제와 함께 교토로 갔는데, 로렌소 형제는 규슈에서 하비에르에게 세례를 받고 전도사가 된 사람이었습니다.

비레라와 로렌소 형제는 현재 오오이타현인 분고에서 오사카를 거쳐 교토를 방문했습

고베 시립박물관 소장

---

12 비와법사: 헤이안(平安) 시대부터 거리에서 비파를 연주하는 법사를 말한다.

니다. 지금 생각하면 이상한 일이지만, 그들은 사찰의 허가를 받아야만 교토에서 전도를 할 수 있다고 생각했던 것 같습니다. 그래서 교토에 가기 전에 천태종의 허가를 받으려고 했습니다. 그러나 그들은 선교 허가를 받지 못한 채 교토에 도착했습니다.

그들은 곧이어 고로모노타나초에 작은 집을 얻게 되지만, 결국 이곳에서도 쫓겨나 북쪽에 위치한 롯카쿠신마치 마을에 있는 매우 허름한 작은 집에 머물게 됩니다. 여기서 그들은 처음으로 그리스도의 형상을 벽에 걸어두고 기도를 드렸습니다. 이것이 교토에서 드려진 최초의 예배라고 말해도 될 것입니다. 교토에 들어온 지 한달이 지나고 나서야 비레라는 쇼군 요시테루를 방문하게 되었고, 이 만남을 계기로 비레라는 드디어 교토에서 설교를 시작할 수 있었습니다. 그렇게 교토에서의 전도가 시작된 것입니다.

그러나 뜨거운 마음으로 교토 사람들을 사랑하려고 했던 비레라의 마음과는 달리, 교토 사람들은 냉담하기만 했습니다. 아무도 그의 말에 귀를 기울이지 않았습니다. 하지만 비레라는 교토에 복음을 전하고 싶은 뜨거운 마음을 멈추지 않았습니다. 그는 계속 복음을 전했습니다.

한편 1563년(에이로쿠 6년)에는, 그리스도교인이 된 오무라

프로이스 동상 (나가사키현 사이카이시 요코세우라)

스미타다의 영지였던 요코세우라에 포르투갈 선교사 루이스 프로이스가 입항하며 교토에 도착합니다. 그런데 당시 루이스 프로이스와 동료들의 차림새는 놀라웠습니다. 일본인들에게 무슨 수를 써서라도 복음을 전하고 싶었던 간절한 마음 때문이었는지 서양인인 그들은 승려의 모습을 하고 맨발에 조리를 신고 있었다고 합니다. 이렇게 해서 비레라와 프로이스의 선교에 대한 열정은 교토 사람들에게 전해져 많은 교인들이 양육되었습니다. 다카야마 히다노카미와 다카야마 우콘도 이때 세례를 받았습니다.

그러나 그들의 기쁨도 잠시, 그들을 도와주던 쇼군 요시테루가 비명횡사하게 되면서 그들은 천태종의 과격한 공격을 받게 됩니다. 이후 1565년(에이로쿠 8년), 그리스도교 추방령이 내려지자 비레라와 프로이스는 교토를 떠나야 했고, 다시 교토로 돌아오기까지 긴 세월을 기다려야 했습니다.

4년의 세월이 흐른 1569년, 다시 교토로 돌아올 수 있었던 프로이스는 현재는 구 니조시로(旧二条城)로 불리는 니조시로에서 성을 짓고 있던 오다 노부나가[13]를 만나게 됩니다. 이후에 노부나가의 선교 허가를 받게 된 프로이스는 로렌소와 함께 교토를 중심으로 다시 열심히 전도를 시작했습니다. 당시의 기록에는 선교사들이 진심으로 가슴이 뜨거워질 정도의 큰 기쁨으로 충만했다고 적혀 있습니다.

---

13 오다 노부나가(織田信長, 1534~1582): 센고쿠 시대의 일본을 평정해 하극상이 계속되던 전국 시대 끝에 최초의 천하인이 됐다. 그러나 1582년(덴쇼 10년) 음력 6월 2일, 천하통일을 목전에 두고 중신(重臣) 아케치 미쓰히데의 모반을 막지 못해 혼노지에서 자살했다. 그는 생애 내내 당시의 기득권을 부정하고 무력으로 무너뜨렸고, 출신 성분과 관계없이 인재를 등용했으며, 서양에의 문호 개방 등 봉건적 일본에서 누구도 시행하지 않았던 정책 결단으로 문화적, 경제적 발전을 이뤄 아즈치모모야마 시대를 열었다. 종교 정책에 있어서도 기존 불교와 신토 세력의 권위를 부정했고, 포르투갈 선교사들로부터 전해진 천주교 포교를 허용하고 자신도 잠시 관심을 가졌으나 결국 자신을 신격화하는 데로 나아갔다.

얼마 뒤에는 이탈리아 선교사인 오르간치노가 프로이스를 돕기 위해 교토로 왔습니다. 그렇게 여러 선교사들이 함께하면서 사역은 교토를 넘어 여러 지역으로 확장되어 갔습니다. 그리고 각지의 다이묘들이 그리스도교인이 되었는데, 그들을 그리스도교 다이묘라고 부르기도 했습니다.

구 니조성 터 가는 길
교토 가라스마선 마루타마치역 하차. 헤이안 여학원대학 교토캠퍼스 인근. 1569년 오다 노부나가가 아시카가 요시테루 장군을 위해 만든 거성 터로 추정되고 있습니다.

◀ 황궁에 재현된 구 니조성의 돌담길 설명판
▶ 돌담에는 묘지석으로 보이는 돌도 사용되었습니다.

난반지 (南蛮寺 남만사)

교토에 교회를 세우기 원하던 사람들은 수없이 많은 고난 끝에 드디어 교토 우바야나키초에 교회를 건축하게 됩니다. 이것이 교토의 난반지입니다. 이 교회를 건축하기 시작한 것은 1575년(덴쇼 3년)이라고 합니다.

때마침, 1576년에 오다 노부나가는 아즈치[14]에 새로운 성을 짓기 시작했습니다. 어쩌면 선교사들에게 서양의 성 이야기를 들었던 것일지도 모릅니다. 비와호[15]가 한눈에 내려다보

---

14 아즈치: 교토 인근의 시가현에 위치한 비와호 인근의 지역.
15 비와호: 시가현에 위치한 큰 호수.

이는 높은 곳에 지어진 거성은 서양의 성과 비교해도 뒤지지 않을 만큼 멋진 망루를 가진 성이었습니다. 아즈치성은 일본 최초의 망루를 구비한 성으로 서양 양식의 뚫린 천정을 가진 성이었습니다. 오층각에는 '천주각'이라는 글자가 새겨져 있었다고 합니다.

그해 8월 15일, 교토는 무척이나 더웠습니다. 그 더위 속에서도 많은 그리스도교인들은 큰 감동을 품은 채 하나의 의식을 행했습니다. 8월 15일은 일본력으로 7월 21일인데, 이날 교토에서 처음으로 세워진 교회인 난반지가 완성되었기 때문입니다. 난반지교회는 다카야마 우콘과 다카쓰키의 다이묘들의 도움으로 완성되어 더 큰 의미가 있었습니다.

그리고 이날은 특별히 성모승천 기념일[16]이기도 했습니다. 이날을 기념해 장엄한 예배가 이 교회에서 드려졌습니다. 또한 8월 15일은 기이하게도 프란시스코 하비에르가 고생 끝에 일본에 상륙한 기념일이기도 했습니다. 교토 사람들은 오랜 바람 끝에 완공된 멋진 교회를 어떤 심정으로 맞이했을까요?

---

16 성모승천 기념일: 예수 그리스도가 성모 마리아의 육체와 영혼을 천국으로 데려갔다고 믿는 그리스도교의 하나인 로마 가톨릭의 학설로 1950년 11월 1일 교황 비오 12세가 사도헌장을 통해 교리로 지정하였다. 하지만 성경에는 마리아의 승천에 관한 기록이나 근거는 없다. 유럽의 많은 나라들에서 이날을 공휴일로 기념하고 있다.

교토 사람들은 높은 목조 건물로 지어진 교토의 난반지교회를 올려다보며, 그곳에서 울려퍼지는 아름다운 종소리에 큰 감동을 받았다고 전해집니다.

당시에 일본의 수도였던 교토에는 2개 혹은 3개의 난반지교회가 존재했다고 합니다. 하지만 지금은 그때의 난반지를 볼 수 없습니다. 임진왜란을 일으켰던 도요토미 히데요시에 의해 난반지는 흔적도 없이 완전히 파괴되었기 때문입니다. 하지만 그 모습을 지금도 상기시켜 줄 수 있는 곳이 아직 몇몇 곳에 남아 있습니다. 우바야나기초 일대에는 난반지가 있었던 터라는 표지판이 있습니다.

또한 카노파[17] 화가인 모토히데(카노 에이토쿠의 동생)가 그린 난반지의 그림이 고베에 남아 있습니다. 고베 시립박물관에 가면, 부채 모양으로 그려진 교토의 마을 풍경 속에서 3층 건물의 난반지를 확인할 수 있습니다. 또한 교토의 도시샤대학 안에서도 난반지의 초석을 찾아볼 수 있습니다.

---

17 카노파: 일본 무로마치(室町, 1333~1573) 후기부터 메이지(明治, 1868~1912) 초기에 걸쳐 중국의 송원화(宋元畵)를 모방해서 그렸던 그림의 유파. 오다 노부나가와 도요토미 히데요시가 후원했으며, 메이지 시대 초기에 이러한 전통은 근대 일본화의 기반을 이루었다.

교토 난반지 그림
고베 시립박물관 소장

도시샤대학 도서관 앞 난반지 초석

도시샤대학 도서관 앞 가는 길
지하철 가라스마선 이마데가와역 하차.
도시샤대학 서문으로 들어가면 오른쪽에 도서관이 있고 그 입구 우측에 난반지 초석이 놓여 있다. (1973년 조사에 의함) 그 외, 난반지 터(교토시 우바야나키초 유적)에서 발굴된 벼루(뒷면에 그리스도교 의식을 나타내는 인물화가 그려져 있다고 한다.) 등이 도시샤대학 타나베 캠퍼스 역사 자료관(0774.65.7040) 2층에 전시되어 있다. 도시샤대학의 도서관 바로 맞은편에는 도시샤대학의 예배당이 있으며, 예배당 오른쪽에는 윤동주와 정지용의 시비가 있다.

난반지 터 가는 길
교토 가라스마선 가라스마역 하차.
지하철 가라스마역에서 내려 시조로 두 블럭 올라가서 서쪽으로 들어가면 있습니다.
교토 나카교구 우바야나기초 202.

일본 26성인(聖人) 발상지

1593년(분로쿠 2년) 프란시스코회 선교사들이 일본에 들어왔을 때, 최초로 선교사들을 환대한 히데요시가 시조 호리카와 근처에 있던 구 묘만지(妙滿寺묘만사) 터인 넓은 토지를 양도하면서 이곳에 교회가 세워집니다.

당시 교토는 오닌의 난으로 인해 가난한 사람들이 점점 늘어났고, 거리에 쓰러져 있는 사람들도 많았습니다. 이러한 상황 속에서 선교사들과 교토의 그리스도교인들은 마음을 다해 이 지역 사람들을 위한 헌신적인 사역을 하게 됩니다. 그리고 교회와 인접한 곳에 성안나 병원과 성요셉 병원을 세웁니다. 의사와 간호사의 손길이 너무나 필요했기 때문이었습니다.

그리스도교인들은 의료 사역에 참여하기 위해 이 지역으로 거처를 옮겨 매일 최선을 다해 성실하게 헌신했습니다. 이렇게 형성된 교인들의 마을을 다이우스 마을이라고 불렀습니다. 다이우스는 데우스(하나님 또는 신)에서 변형된 말로 다이우스 마을은 '신을 믿는 사람들'의 마을이라는 뜻입니다.

묘만지 터, 26성인 발상지 가는 길
시조오미야역 하차. 도보 3분 거리.
시모쿄구 이와가미도리 아야노코
지 동북각.

26성인 발상지

현재 '시조 호리카와'에 세워진 시조 병원 입구에는 '일본 26성인 발상지'라고 새겨진 돌판이 있습니다. 1597년, 나가사키 니시자카 언덕에서 순교한 26인의 성인들이 이 지역에서 붙잡혀 나가사키로 보내졌다는 사실을 알고 있는 사람은 거의 없을 것입니다.

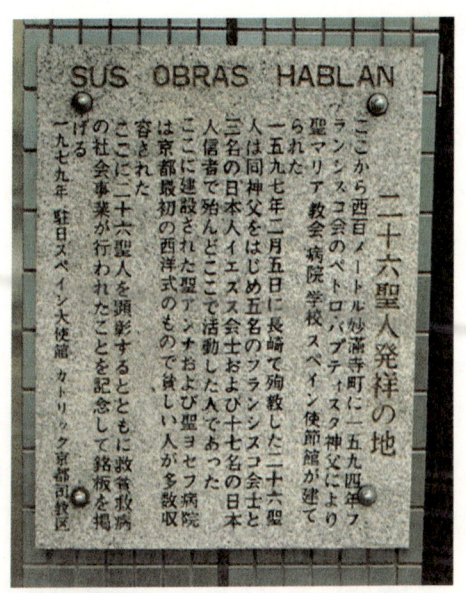

시조 병원의 부조

다나카 켄이치 주교의 시조 병원 부조에 대한 축별 의식

400년 전, 이 근처에 교회와 병원을 세운 사람들은 순교자 베드로 밥티스터 선교사와 동료들이었습니다. 그들을 중심으로 그리스도교인들이 이 지역에 모여 살며 헌신적인 봉사를 했던 것입니다. 세상에서 가장 가난한 사람들을 섬기기 위해 인도로 가서 헌신한 마더 테레사 수녀의 사역이 세상에 알려지면서, 그녀는 1979년에 노벨 평화상을 받았습니다. 그러나 지금으로부터 400년 전에도 이미 마더 테레사 수녀가 했던 사역과 같은 사역이 교토에서 이루어지고 있었습니다. 400년 전에도 선교사들과 그리스도교인들이 가난한 사람들을 위해 두 개의 병원을 세우고 병든 자들을 정성껏 돌보았다는 사실에 놀라움을 금할 수 없습니다.

의사나 약사로 또는 환자의 곁에서 간호를 하며 섬겼던 교토의 그리스도교인들 외에도 어른들 사이에서 자신의 몸을 아끼지 않고 부지런히 심부름하며 봉사했던 어린 소년들도 있었습니다. 사람들을 돌보며 헌신했던 그들은 예배를 드리던 교회와 마을에서 쫓겨나 귀와 코가 잘린 채 교토의 여러 마을에 끌려다니며 본보기로 수모를 당했습니다. 그리고 800킬로미터나 떨어진 나가사키를 향해 걸으며 고난을 겪었던 것입니다.

의사들은 병든 사람들을 진심으로 치료하고 돌보았다고 전해집니다. 특히 불치병 같은 심한 병에 걸린 사람들을 찾아가 따뜻하게 대해 주고, 병원으로 데리고 와서 치료와 간호를 해 주었다고 합니다. 그리고 병원장의 부인은 환자들의 옷을 깨끗하게 세탁해 입혔다고 합니다. 가난하고 병든 사람들을 위해 헌신했던 병원은 분명히 가슴 뜨거운 기도 속에서 지켜져 왔을 것입니다. 우리 모두는 그 사실을 잊어서는 안 될 것입니다.

프란시스코의 집(수도원·병원 터)과 그리스도교 문화 자료관

시조 호리카와도리에서 한 블록 서쪽에 있는 시조 이와가미도리로 가다 보면, 당시의 수도원과 병원을 기념하기 위해 프란시스코회 사람들이 지은 교회가 있습니다. 프란시스코의 집입니다. 이곳은 삶에 대한 희망과 인간에 대한 존엄성을 가르쳐주고 있다는 생각이 듭니다.

교회는 서양에서 온 문화이고 그리스도교는 서양에서 온 종교라고 생각하기 쉽습니다. 하지만 프란시스코의 집 내부에는 고요한 분위기의 일본식 좌식 예배당이 있습니다. 그리고 이 고요한 일본식 예배당을 찾아오는 사람들에게 한없는 평안을 느끼게 해줍니다. 지금도 다다미의 평온함을 느끼게 하는 아름다운 예배당입니다.

'프란시스코의 집' 교회의 예배 모습
그리스도의 십자가 족자가 걸린 일본식 다다미로 지어진 예배당에서 예배를 드리는 특별한 풍경

그리스도교 문화 자료관 내부

그리스도를 믿는다는 이유만으로 순교한 26명의 성인들의 기념비가 세워진 나가사키의 니시자카 언덕처럼 시조 호리카와는 교토를 떠나온 그리스도교인들을 추모하는 매우 중요한 장소입니다. 또한 지금을 사는 우리에게 신앙이란 무엇인지에 대한 질문을 던지는 의미 있는 장소이기도 합니다. 당시에 세워졌던 병원과 교회의 자리에 지금은 프란시스코의 집이 있습니다. 꼭 가 보기를 권합니다. 그곳의 그리스도교 문화자료관에 전시되어 있는, 고난의 시대를 살았던 그리스도교인들의 귀한 유물들은 지금을 사는 우리들에게 큰 감동을 전해줄 것입니다. 그들이 손을 모아 간절히 기도했을 십자가, 오랫동안 사용했던 식기, 그리고 그들이 눈물을 머금고 밟을 수밖에 없었던 후미에[18] 등이 지금도 소중하게 보관되어 있습니다.

---

[18] 후미에: 에도 시대에 만들어진 예수의 모양이 새겨져 있는 넓은 판. 그리스도교인들은 예수가 새겨진 후미에를 차마 밟고 지나갈 수 없었다. 때문에 후미에는 그리스도교인인지 아닌지를 식별하기 위한 도구로 사용되었다.

나가사키 소토메에서 지금까지 전해져 내려오는 가쿠레 기리시탄(숨은 그리스도인)이라 불리는 사람들이 지켜온 성구들

◀ 십자 모양의 날밑 (칼날과 칼자루 사이에 끼워서 손을 보호하는 테)
▶ 후미에

십자가 모양이 들어간 찻잔 받침

▲ 치보리움(성합, 좌)과 카리스(성배, 우)
▼ 가라샤 부인이 사용하던 것으로 추정되는 빗

프란시스코의 집의 중정

중정의 돌에 대한 사연 (그리스도교 문화 자료관 관장, 루크 신부)

우리는 20년 전, 프란시스코회 발상지 지역에서 집을 구하고 있었습니다. 그런데 아야노코지와 이와가미도리의 한 구석에 세워져 있는 어떤 표지판을 발견했습니다. 표지판엔 '26성인 발상지'라고 적혀 있었습니다. 저는 '반석 위에 내 교회를 지으라'는 예수의 말씀이 떠올랐습니다. 그리고 이곳 주변에 교회와 병원을 세웠던 신부님의 이름이 베드로였다는 것에 한 번 더 깊은 생각에 잠겼습니다. 베드로는 반석이라는 뜻입니다. 어쩌면 이 거리의 이름은 반석인 베드로를 기념하기 위해 붙여졌을 지도 모릅니다. 그 후에도 놀라운 일은 계속되었습니다. 이 거리에 있는 집들을 보러 다니고 있을 때 어느 집 정원에 있는 이상하게도 큰 바위가 눈에 들어왔습니다. 그 바위에는 자연적으로 생긴 작고 둥근 홈이 패여 있었고 거기에서 깨끗한 물이 떨어지고 있었습니다. "이것이야말로 문자 그대로 베드로(반석) 밥티스터(세례수)를 기념하는 것이구나!" 저는 이 신비로운 증표를 통해 하나님께서 친히 우리를 인도하신 것이라고 믿을 수밖에 없었고 큰 감동을 받았습니다.

그리스도교 문화 자료관 가는 길
시모쿄구 사타케쵸 388.
현재는 프란시스코회의 사정으로 폐관되어 견학할 수 없습니다.

이치조의 교차로(一条の辻) - 가미교교회 터 (게이초 천주당)

지금 방문할 곳은 교토의 가미교교회가 있던 터입니다. 호리카와의 모토세이간지도리에서 동쪽으로 더 가면 철조망 안에 세워진 석비를 볼 수 있습니다. 설명판에는 이곳에 게이초 천주당 가미교교회가 있던 곳이라고 기록되어 있습니다.

1600년, 시모교교회의 분교회로 세워진 가미교교회의 초대 사제는 엠마누엘 바레트로였습니다. 이곳에서 매년 100명이 넘는 사람들이 세례를 받았다고 합니다. 하지만 1612년, 그리스도교 금교령으로 인해 폐쇄된 이후에 파괴되고 말았습니다.

가미교교회 터 (게이초 천주당)

이치조 모도리바시(一条戻り橋)

이치조 모도리바시는 그리스도교 순교자들이 건너야만 했던 고난의 장소였습니다. 나가사키의 니시자카 언덕에서 처형당한 순교자들은 처음 붙잡혔을 당시에 이곳으로 끌려와 귀와 코를 잘렸습니다. 이 일대의 길은 넓은 편입니다. 작은 두 개의 강인 호리가와와 가모가와가 합류하는 곳으로 형장이 있던 장소입니다. 그리스도교인들에게는 절대로 잊을 수 없는 고통의 장소입니다.

지금의 우리는 상상조차 할 수 없을 정도의 비참한 장면이 펼쳐졌던 공간이 공공연한 큰 거리에 있었다는 것이 정말 믿기지 않습니다. 실제로 일본 다도 명인인 센리큐[19]가 이곳에서 처형당했고 이후 그리스도인들도 처형당했습니다.

도요토미 히데요시는 이곳 이치조 모도리바시에 센리큐의 목상[20]을 십자가에 매달아서 세운 적이 있었습니다. 원래 센리큐의 목상은 다이토쿠지(大德寺)의 금모각 2층에 보관되어 있었습니다. 그런데 어느날 금모각을 지나가던 도요토미 히데요시는 마치 자신이 센리큐의 다리 사이를 지나가는 것같은 모멸감을 느꼈는지, "센리큐, 감히 네가 나를 밟은 것인가?"라고 크게 화를 내고는 센리큐에게 할복할 것을 명령했다고 합니다. 며칠 후 센리큐는 도요토미 히데요시에게 사죄하지 않고 스스로 목숨을 끊어 생을 마감했고, 그의 머리는 이치조 모도리바시에 있던 자신의 목상 발 아래에 매달리게 되었습

---

19 센리큐(千利休, 1522~1591): 일본 다도를 정립하고 완성한 인물. 일본 사카이시(堺市)의 유복한 집안에서 태어난 리큐는 오다 노부나가로부터 센(千)이라는 성을 하사받아 센리큐라 불린 인물이다. 오다 노부나가의 사후에는 도요토미 히데요시(豊臣秀吉)의 다도 자문 역할을 하며 차 스승으로서 최고의 명성을 누렸다.
20 센리큐의 목상: 다이토쿠지의 금모각은 원래 단층이었는데, 센리큐가 수리 증축비를 기증해 2층으로 만들 수 있었다. 이에 대한 감사함 때문에 다이토쿠지에서는 금모각 2층에 센리큐의 나무로 만든 목상을 세워 놓았다.

니다. 다도계의 사람들에게도 이곳은 비탄의 장소입니다.

이치조 모도리바시는 가미교교회 터에서 멀지 않은 곳에 있습니다. 또한 센리큐 이후 다도의 유명한 세 분파 중의 하나인 무샤노코지센케[21]의 집이 바로 근처에 있습니다. 이마데가와 거리를 끼고 길 하나를 더 올라가면 곤니치안으로 알려진 우라센케와 오모테센케[22]가 있습니다. (또 근처에는 다도 종합 자료관도 있습니다.) 센리큐와 그리스도교인들이 서로 깊은 관계가 있었던 이유 중의 하나는 지리적으로 가까웠기 때문이기도 한 것 같습니다.

현재의 모도리바시

---

21 무샤노코지센케: 다도 장인 센리큐의 후손들에 의해 이어진 3대 가문은 오모테센케, 우라센케, 무샤노코지센케가 있다. 무샤노코지센케(무샤노코지 센 가문)은 3대 가문 중의 하나다.
22 우라센케, 오모테센케: 무샤노코지센케와 함께 다도 3대 명문을 형성하는 가문들로 오늘날까지 이어지고 있다.

이치조 모도리바시 가는 길

교토 가라스마선 이마데가와역에서 도보 14분 거리.
시버스 9번 계통. 이치조 모도리바시 하차.
(교한산조에서 시버스 12번, 59번 계통. 호리카와 이마데가와 하차. 남쪽 방향으로 3분 거리.)
북쪽으로 걸어가면 세이메이 신사가 있습니다. 옛날에 있던 모도리바시가 이곳으로 이전되었습니다. 동쪽으로 걸어가면 게이초 천주당 터가 있습니다.

모도리바시의 다리 이름의 유래는 다음과 같습니다. 아버지의 죽음을 타향에서 듣게 된 아들이 서둘러 집으로 돌아가는 길에 이 다리에서 아버지의 장례 행렬을 만나게 됩니다. 아들이 필사적으로 부처에게 기도하자 죽은 아버지의 생명이 다시 돌아오게 되었다는 전설에서 유래한다고 합니다. 이 전설은 마치 아들의 죽음을 슬퍼하는 한 여자를 위해 예수님이 기도했더니 그 아들이 다시 살아난 성경 말씀을 떠올리게 합니다.

다도 종합 자료관 가는 길

교토 가라스마선 구라마구치역 하차. 서쪽으로 도보15분.
시버스 9번, 12번, 201번, 203번 호리카와 이마데가와 하차.
가미교구 호리카와도리 테라노우치아가루
전화: 075-431-3111

다도 자료관(다도에 관한 자료를 기획 전시. 9:30~16:30, 월요일 휴관)과 곤니치안 문고(비치된 도서와 잡지 등의 자료를 자유롭게 열람할 수 있다. 10:00~16:00, 일요일, 축일 휴관)가 있다.

도지(東寺동사), 라조몬 유적(羅城門遺跡)

시조 호리카와에서 붙잡힌 그리스도교인들은 귀를 잘린 채 본보기가 되어 교토의 마을 여기저기로 끌려다녔고 오사카를 지나 사카이까지 끌려오게 되었습니다. 24명[23]의 신부와 성도들은 교토와의 이별을 아쉬워하며 도지를 지나 토바가이도에서 남쪽으로 내려간 것으로 추정되고 있습니다.

현재 도지 주변은 마을의 중심가가 되었습니다. 그러나 간무 천황[24]이 교토에 도읍을 정했을 당시, 남쪽에 도지(東寺동사)와 사이지(西寺서사) 사이에 라조몬(羅城門나성문)[25]이 있었습니다. 그리스도교인들이 붙잡혔던 당시에 사이지는 없었습니다.

붙잡힌 24명의 그리스도교인들이 도지를 뒤로한 채 교토를 떠나려고 했을 때, 코스메 쇼린이라는 한 명의 그리스도교인이 베드로 밥티스터 선교사에게 달려와 말했다고 합니다.

---

23 26성인 중에 24명의 신부와 성도들이 먼저 체포되었고, 도중에 그들을 뒤따라가던 2명이 추가로 체포되면서 26명이 되었다.
24 간무 천황(737~806): 헤이안 시대의 제50대 일본 천황. 어머니가 백제계다. 794년에 수도를 교토로 옮겨 헤이안 시대를 열었다. 그는 헤이안의 도성 조영과 동북 지방의 에미시를 평정하는 데 힘을 기울였다.
25 라조몬: 고대 도시를 둘러싸는 성벽이 나성이며 이 나성의 남단 중앙에 있는 문을 의미한다. 주로 가난한 사람들이 나성문의 주변에 살았고 시체가 방치되기도 한 지역이었다. 현재의 빈민가나 슬럼가와 비슷한 의미의 지역이었다.

"우리도 당신의 길을 따라가겠습니다." 그러자, 베드로 밥티스터 선교사는 몸에 지니고 있던 십자가를 건네며 대답했다고 합니다. "이것으로 그대의 신앙을 끝까지 지켜내십시오. 그리고 남은 성도들을 잘 부탁합니다." 그렇게 붙잡힌 베드로 밥티스터 선교사와 그리스도교인들은 교토를 떠났습니다. 그때의 그 십자가는 이후 수백 년간 남겨진 그리스도교인들에 의해 소중하게 간직되었고, 현재는 밥티스터 선교사의 나라인 스페인 아빌라의 산 에스테반 델 바예(San Esteban del Valle)교회에 소중하게 보관되어 있다고 전해집니다.

24명의 순교자들이 이별을 안타까워하는 교인들의 배웅을 받으며 교토를 떠날 당시는 1월이었습니다. 몸을 얼어붙게 만드는 매서운 추위 속에서 교토를 떠난 그들은 800킬로미터에 걸친 끝도 없는 길을 걸어야 했습니다. 아마도 24명의 성인들은 분명 그들과 함께 걷고 계시는 예수의 모습을 선명하게 보았을 것입니다. 십자가를 진 고난의 여정도 그들에게는 그리스도와 함께 걷는 은혜의 여정이 되었을 것입니다.

도지(東寺) 가는 길
킨테쓰 교토선 도지역 하차.
도보 4분. 시버스 쿠죠오미야 하차.

라조몬 유적 가는 길
킨테쓰 교토선 도지역 하차. 도보 15분.
교토시 미나미구 카라하시 라조몬초

사이지 가는 길
JR 니시오지역에서 도보 2분 거리. 라조몬 유적에서 2분 거리.
시버스 사이지마에 하차 3분.
교토시 미나미구 카라하시 사이지초

교토의 여름을 장식하는 '기온 마츠리'의 칸코보코(축제에 쓰는 화려한 수레)를 두르는 천에 구약성경 창세기 24장에 나오는 이삭과 리브가의 결혼 장면이 그려져 있습니다. 그 그림은 16세기 말 벨기에에서 만들어진 직물로 중요한 문화재입니다. 네덜란드가 도쿠가와 이에미츠에게 선물한 것이라고 추정되고 있습니다. (기온 마츠리 7월 13일~17일. 시조 가라스마루 니시하이루 칸코보코초)

로잔지(蘆山寺노산사) (그리스도교 다이묘 '아리마 하루노부'의 아내 쥬스타의 묘)

마루타마치도리 테라마치에서 북쪽으로 700미터 정도 올라가면 동편에 보이는 하얀 벽 건물이 로잔지입니다. 로잔지는 일본의 유명 작가인 무라사키 시키부[26]로 인해 더욱 유명해진 곳이기도 합니다. 무라사키 시키부는 이곳에서 소설 『겐지 모노가타리』와 시집 『무라사키 시키부 일기』 등을 썼

---

26 무라사키 시키부(973~1025): 헤이안 시대 일본 황실의 궁녀로 소설가이자 시인. 그녀의 작품 『겐지 모노가타리』는 헤이안 시대의 궁정 사회의 정점을 보여준다. 전체 54권으로 나뉘어 있으며 200자 원고지 5000매가 넘는 세계 최고(最古), 최장(最長)의 고전 소설로 치밀한 구성과 인간의 심리 묘사, 표현의 정교함과 미의식 등으로 일본 문학사상 최고 걸작으로 평가된다.

다고 전해지고 있습니다.

로잔지의 문 안으로 들어서면 좌측에 보이는 것이 본당입니다. 로잔지 안에는 무라사키 시키부의 저택이 있었다는 사실을 알리는 석비와 일본의 유명한 화가인 이케다 요손의 붓 무덤이 있습니다. 사원 안의 본당 정면에 있는 '겐지의 정원'이라 불리는 정원은 사원의 정원이라고는 생각할 수 없을 정도로 아름다운 자태를 뽐냅니다. 마치 한 폭의 그림처럼 펼쳐져 있습니다. 이끼로 채색된 정원은 무라사키 시키부를 기억하기에 어울릴 만한 정원입니다. 아름다운 정원을 누구라도 구경할 수 있도록 본당은 일반인에게 공개되고 있습니다.

로잔지의 본당을 나와 남쪽 좁은 골목을 따라 동쪽으로 걷다 보면 묘지 하나를 만나게 됩니다. 그 묘지 안에는 유독 눈에 띄는 많은 공양탑들이 있습니다. 그 공양탑들 중에는 그리스도교 다이묘로 유명한 아리마 하루노부[27]의 처 쥬스타의 묘

---

[27] 아리마 하루노부(1567~1612): 히젠국(지금의 사가현과 나가사키현의 옛 이름) 아리마히노의 성주 아리마 요시타다의 차남. 1580년 세례를 받고 그리스도교 다이묘가 된다. 세례를 받던 해, 아리마성 아래에 있는 세미나리오(성직자 양성 학교)를 세웠다. 오무라 스미타다, 오토모 소린과 함께 1582년 로마에 '덴쇼 견구 소년사절단'(덴쇼 시대에 유럽의 문물을 배우기 위해 보낸 소년 사절단)을 보냈다. 임진왜란 당시 고니시 유키나가의 부대와 함께 참전해 조선을 침략했다. 도요토미 히데요시가 그리스도교 금교령을 내리자 서양 선교사들을 몰래 숨겨주었으나, 이후 도쿠가와 이에야스에 의해 처형되기까지 끝까지 신앙을 지킨다.

가 있습니다. 공양탑 사이를 살펴보면 기쿠테이(菊亭)라는 글자가 새겨진 작은 돌기둥이 보이는데 그 뒤에 있는 것이 쥬스타의 묘입니다.

쥬스타는 고요제이 천황의 정실 부인의 여동생입니다. 그녀는 1580년(덴쇼 8년), 이마데가와의 귀족 가문인 기쿠테이(菊亭)에 시집을 갔습니다. 그러나 19세에 남편이 죽자, 그리스도교인이던 고니시 유키나가의 주선으로 그리스도교 다이묘 아리마 하루노부의 후처가 됩니다. 쥬스타는 그녀가 그리스도교인이 된 이후에 받은 세례명입니다. 쥬스타는 그리스도인으로서 생을 마친 후 이곳에 조용히 잠들어 있습니다. 돌기둥에 기쿠테이라고 쓰여진 것은 두번째 남편인 아리마 하루노부의 죽음 이후 기쿠테이 가문으로 다시 돌아왔기 때문이라고 생각됩니다.

쥬스타의 묘

로잔지(로잔텐다이코지) 가는 길
게이한 본선 데마치야나기역 하차. 도보 10분 거리.
시버스 3번, 4번, 205번 계통. 부립의대병원 앞 하차. 서쪽의 테라마치도리를 북쪽으로 3분.
가미교구 테라마치도리 히로코지아가루
관람시간: 9:00~16:00
전화: 075-231-0355
https://www7a.biglobe.ne.jp/~rozanji/

혼노지(本能寺본능사)

  1582년(덴쇼 10년) 6월, 당대 최고의 권력자였던 오다 노부나가는 아케치 미쓰히데에게 습격당해 최후를 맞게 됩니다. 그가 최후를 맞게 된 곳이 바로 혼노지입니다. 현재의 혼노지는 카와하라초도리(거리) 미이케에서 서쪽 방향의 첫 골목인 테라마치도리 안쪽에 있습니다. 카와하라초는 『침묵』으로 유명한 일본 작가 엔도 슈사쿠가 교토에 오면 머물던 호텔이 있던 곳으로도 알려져 있습니다.

  원래의 혼노지는 시조 아부라노코지 거리에서 북쪽으로 가면 있었습니다. 하지만 지금은 그 자리에 교토시 혼노지 특별노인요양시설이 세워져 운영되고 있습니다. 도요토미 히데요시에 의해 아부라노코지에서 테라마치로 이전된 것입니다.

원래 혼노지의 북동각 돌기둥

교토시 혼노지 특별노인요양시설의 현관 앞에는 당시의 역사를 기억하기 위해 혼노지 터 기념비와 북동각의 돌기둥이 아직 남아 있습니다.

1581년(덴쇼 9년) 이탈리아 선교사였던 알렉산드로 발리냐노는 교토의 오다 노부나가를 방문합니다. 그때 오다 노부나가가 있던 곳이 바로 혼노지였습니다. 이후에는 오르간치노와 프로이스 선교사도 오다 노부나가를 방문했었는데, 당시 일본에서는 구하기 어려운 벨벳 천, 촉대, 유리그릇을 선물로 가지고 갔다고 전해집니다.

난반지교회가 바로 근처에 있었기 때문에 선교사들은 당시에 있었던 '혼노지의 변'[28]을 목격했었고, 그 목격담은 프로이스가 쓴 『일본사』에 기록되어 있습니다.

---

28 혼노지의 변: 1582년 6월 2일, 일본의 아즈치모모야마 시대(安土桃山時代)에 오다 노부나가의 부하 아케치 미쓰히데가 반역하여 혼노지에서 오다 노부나가를 자결하게 만든 사건.

현재의 혼노지(本能寺본능사) 가는 길
게이한 본선 산조역 하차 3분 거리.
교토 나카교구 시모노혼노지마에초 522
전화: 075-231-5335
www.kyoto-honnouji.jp

혼노지 터 비(원래의 혼노지가 있던 장소) 가는 길
한큐 교토선 가라스마선 하차. 도보 10분 거리.
예전에는 혼노지 미나미 마치라고 부름.
시조 아부라노코지 아가루 타코야쿠지도리 앞.

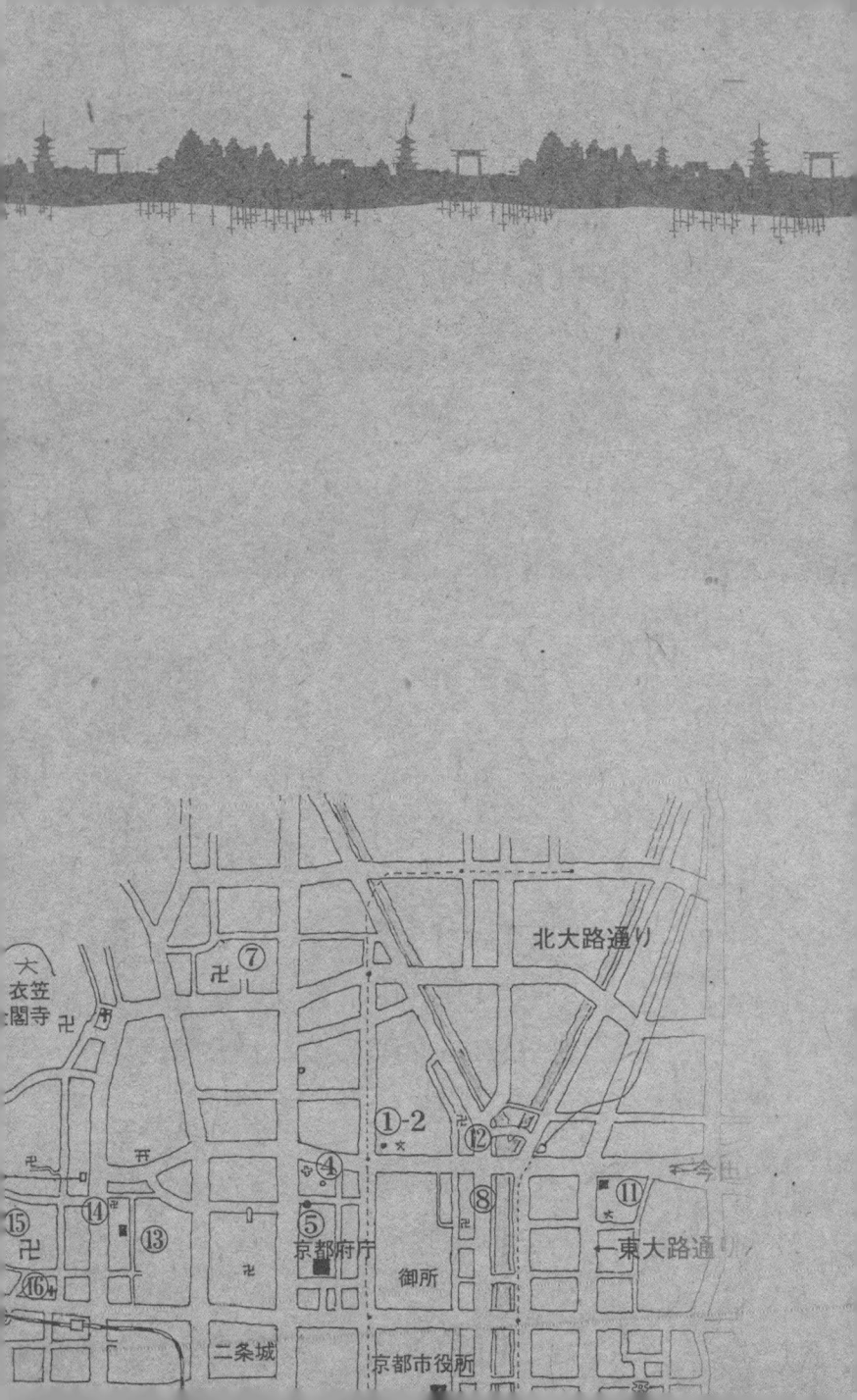

II 기타오지도리(北大路通) 주변 — 교토의 사원과 그리스도교 다이묘

다이토쿠지(大德寺대덕사)
- 즈이호인(瑞峰院서봉원)과 고토인(高桐院고동원)

 이제 교토 북쪽의 다이토쿠지를 향해 가보겠습니다. 자동차들이 복잡하게 오가는 기타오지 호리카와 서쪽으로 가면 북쪽에 린자이슈 다이토쿠지파의 다이혼잔(臨濟宗 大德寺派 大本山 임제종 대덕사파 대본산)인 '다이토쿠지'가 있습니다. 사찰의 주지 스님이 살고 있는 본사를 중심으로 작은 사찰들이 나란히 있는데, 그중에 즈이호인과 고토인, 두 개의 사찰을 방문해 보겠습니다.

즈이호인(오토모 소린의 보다이지(菩提寺보리사) 십자 정원)

 자동차를 인근 주차장에 세우고 동문으로 걸이 들어가면 칙사문이 나옵니다. 칙사문은 명령을 전달하던 사신인 칙사들이 출입하던 문이었습니다. 그 칙사문 뒤로 세워진 아름다운 빨간 삼문(가운데 큰 문과 양 옆에 작은 문이 있는 대문)인 금모각 위에는 센리큐의 모습을 새긴 목상이 안치되어 있습니다.

 현재는 문 아래를 지나다닐 수 없지만 당시에는 많은 사람들이 지나다니던 문이었기 때문에 도요토미 히데요시도 지나

다녔을 것입니다. 앞에서 이야기했지만, 일본 전국을 호령하던 도요토미 히데요시는 "센리큐, 감히 네가 나를 밟은 것인가?"라고 트집을 잡아 센리큐에게 할복을 명했다고 합니다. 그리고 이 삼문을 지나 서쪽으로 가면 좌측에 우리가 가려는 즈이호인이 있습니다. 교토 사람들은 즈

금모각

이호인을 특별히 무라사키노 즈이호인(보라색의 서봉원)이라고 부릅니다. 이곳에는 특별히 십자 정원이 있습니다.

무로마치 시대 큐슈의 부젠 분고(지금의 오이타현)의 다이묘였던 오토모 소린은 젊은 시절 다이토쿠지를 세운 다이토 국사로부터 법계를 받고 불교에 귀의했습니다. 원래의 이름은 오토모 요시시게였지만 소린이라는 법명을 받아 오토모 소린이 된 것입니다. 당시 지방의 다이묘들은 다이토쿠지에 자신만의 사원을 갖는 것이 유행이었습니다. 이곳에서 수행을 했던 인연이 있었기 때문에 오토모 소린 역시 이곳에 보다

이지(菩提寺보리사)[29]를 건립한 것입니다. 때문에 이곳은 오토모 소린과는 매우 깊은 인연이 있는 사찰로 유명합니다.

1961년에 이곳의 주지 스님은 늦은 나이에 그리스도교인이 된 오토모 소린을 추모하기 위해 북쪽 정원에 십자가 모양의 십자 정원을 만들었습니다. 십자 정원은 한면정(閑眠庭)이라고 하기도 하는데, 한면정의 이름은 '한면고와(閑眠高臥)로 청산을 마주하다'라는 선어에서 가져온 것입니다. '높은 베게를 베고 한가로이 누워 청산을 마주하다'라는 뜻을 가지고 있습니다. 아름다운 하얀 모래 위에 가볍게 떠 있듯이 가로와 세로로 7개의 돌을 십자로 나열한 정원입니다. 싱그러운 이끼와 초록으로 둘러싸여서 생기가 넘치는 아름다운 정원입니다. 주지 스님은 모든 관광객들이 십자 정원을 볼 수 있도록 일반에게 개방했습니다.

주지 스님이 머무는 방 남쪽에는 부드럽게 물결치는 흰 모래 속에 돌을 배치해 꾸민 정원이 있습니다. 물을 사용하지 않고 산과 물을 표현한 정원으로 중국의 신선 사상이 담겨 있습니다. 중국의 신선 사상은 이렇게 일본에 들어와 훌륭한 정

---

29 보다이지(菩提寺보리사): 한집안에서 대대로 장례를 지내고 조상의 위패를 모시어 명복을 빌고 천도와 축원을 하는 일종의 개인 소유의 사찰. 보리사의 '보리'는 산스크리트어 'Bodhi'의 음역어이다.

원으로 꽃피우게 되었습니다. 이어서 서쪽 뒤 복도로 돌아가면 요케이안(余慶庵서경암)이라는 다실이 있는데, 이 건물 사이에 자리한 정원이 바로 십자 정원입니다. 동쪽 안뜰에는 그리스도교 등롱이라고 불리는 오리베(織部직부) 등롱[30]이 십자 정원을 바라보며 서 있습니다.

또 여기에는 센리큐가 교토 남부의 오야마자키에 세운 국보 '타이안'(大庵대암)을 헤세이 시대(平成, 1989~2019)에 복원한 다실이 있습니다. 오야마자키 기슭에 있는 이 헤세이 타이안 다실은 예약을 미리 하지 않으면 볼 수 없습니다. 한 달 전에 왕복 엽서로 사전 신청을 해야 합니다. 헤세이 타이안의 다실을 관람하면서 센리큐가 남긴 다실의 의미에 대해 이해하고, 다도를 통해 세상에 남기고자 한 사상을 음미해보는 것도 의미 있는 시간이 될 것입니다.

---

30 오리베 등롱: 전국 시대 무사이기도 했던 후루타 오리베(1544~1615)가 창안한 등롱의 모양. 사각기둥인 간석 상부가 십자가 모양으로 되어 있으며 지면에 직접 꽂아서 세우는 것이 특징이다. 교토 기타노 신사 앞에 있는 것이 원형이다.

십자 정원

그리스도교 등롱

    그리스도교와 불교사원은 무관하다고 생각하기 쉽지만 이렇게 교토의 몇몇 사원들은 그리스도교와 깊은 관련이 있었습니다. 그리고 지금도 이런 그리스도교 문화가 지켜져 내려오고 있다는 사실은 놀랍고도 감동스럽습니다. 조용히 앉아 정원의 풍취를 감상해 보십시오. 그리스도교인 오토모 소린을 교토에서 추모할 수 있다는 것도 특별한 인연이겠죠.

모처럼의 사원 순례이므로 만약 시간적 여유가 있는 분이라면 다실의 자리에 앉아 보는 것도 추천합니다. 원하신다면 차를 마실 수도 있습니다. 그리스도교와 연관이 있는 선사에서 마시는 차 한 모금은 당신에게 분명 특별한 여유를 갖게 해 줄 것입니다.

즈이호인 가는 길
시버스 205번, 206번 계통. 다이토쿠지 앞 하차.
교토시 키타구 무라사키노 다이토쿠지초
관람시간: 09:00~17:30
전화: 075-491-1454

고토인(高桐院고동원) (호소카와 타다오키, 가라샤의 묘비)

  고토인은 일본 사람들에게 '무라사키노 고토'로 친숙하게 알려진 사원입니다. 문을 열고 안으로 들어가면 별천지에 온 듯한 고요함이 느껴집니다. 사시사철 언제라도 그 아름다움에 마음을 빼앗기게 될 것입니다. 봄에는 우거진 찬란한 신록으로, 가을에는 불타오르는 듯한 눈부신 단풍의 아름다움으로, 우리들을 그 빛나는 다양한 아름다움으로 초대할 것입니다.

고토인 가는 길
시버스 다이토쿠지 앞 하차.
교토시 키타구 무라사키노 다이토쿠지초
관람시간: 09:00~16:30
전화: 075-492-0068

고토인은 일본인들에게는 잘 알려져 있는 호소카와 가라샤[31]로 유명한 호소카와 가문의 사찰입니다. 1601년(게이초 6년)에 호소카와 타다오키가 아버지의 명복을 빌기 위해 세운 매우 유서 깊은 사찰입니다.

이곳 고토인에는 호소카와 타다오키와 그의 부인이었던 호소카와 가라샤의 묘지가 있습니다. 호소카와 가라샤는 타마(혹은 타마코)라고 불렸습니다. 이 두 사람의 묘는 매우 흥미롭기 때문에 집중해서 보아야 합니다. 아름다운 풍취가 흐르는 이곳은 불교의 영향이기도 하지만 일본인들의 깊은 정신세계를 보여줍니다. 기하학적인 모양으로 가꾸어 놓은 유럽의 거대한 성들과 공원의 정원을 보고 우리는 경이로움을 느끼곤 하지만, 일본의 정원들은 그것과는 다르게 인공적인 것을 더하지 않은 자연의 풍취를 응용해 만들어졌습니다. 그래서 사람의 마음에 평온을 느낄 수 있게 해주는 것인지도 모릅니다. 이곳의 풍경은 아시아인들의 자연에 대한 굉장한 사랑

---

[31] 호소카와 가라샤(1563~1600): 센코쿠 시대의 여성 그리스도인이었다. 미모가 뛰어나고 인격이 훌륭해 많은 사람들의 존경을 받았다. 그녀의 남편 호소카와 타다오키는 센리큐의 제자 중의 한 명이며 부젠 고쿠라번의 번주이자 다이묘였다. 오다 노부나가의 중매로 남편을 만났다. 그러나 도쿠가와 이에야스를 견제하기 위해 인질극을 시도하던 이시다 미쓰나리에 의해 죽었다.

을 느끼게 해줍니다.

호소카와 타다오키는 다인 센리큐의 일곱 제자 중 한 사람으로서 다도를 깊이 음미한 쇼군입니다. 타마는 이 호소카와 집안으로 시집온 여인이었습니다. 그녀의 아버지는 오다 노부나가에게 혼노지에서 반기를 든 아케치 미쓰히데입니다. 남편 호소카와 타다오키와 아버지 사이에서 고통스러운 마음으로 지내던 타마는 그리스도교 신앙에 매료되어 '가라샤'라는 세례명을 받고 유명한 그리스도교인이 됩니다. 이 두 사람의 묘지가 여기 고토인에 있습니다.

법당의 서쪽 정원에 묘가 있습니다. 정면에 있는 정원은 흔히 말하는 고산수, 즉 물을 사용하지 않고 지형으로써만 산수를 표현한 정원이 아니라, 푸른 나무들의 신록에 둘러싸인 아름답고 고요한 정원입니다. 법당의 왼쪽 동편에는 아름다운 당나라 양식의 문도 있습니다. 오셔서 이 아름다운 신록을 즐겨 보시길 바랍니다.

쏟아질 듯한 고운 신록의 푸르름은 가을에는 찬란한 단풍으로 표정을 바꿉니다. 그 옛날 사람들은 사계절을 맞이할 때마다, 아름다운 자연 속에서 생명의 소중함과 마음의 고요함을 느끼며 종교라는 것을 받아들이려고 했던 것 같습니다.

그럼, 이제 서쪽 정원으로 이동해 호소카와 타다오키와 그의 부인 가라샤 부부의 묘로 가 보겠습니다. 서쪽 정원 정면에 하나의 돌로 된 등롱이 보일 것입니다. 그런데 묘비는 보이지 않습니다. 사실, 호소카와 부부의 묘비가 바로 이 등롱입니다.

호소카와 타다오키와 그의 부인 가라샤의 묘

원래 이 등롱은 센리큐가 소중하게 여기며 지켜왔던 등롱이었습니다. 그런데 도요토미 히데요시가 이 등롱이 마음에 들어서 센리큐에게서 빼앗기 위해 헌납하라는 명령을 내립니다. 센리큐는 결국 등롱의 갓 부분에 일부러 흠을 내고는 상처가 있는 물건을 헌납할 수 없다며 등롱을 빼앗기지 않았습니다. 센리큐가 도요토미 히데요시의 권력에 대한 반항심 때문에 그랬는지, 정말 등롱을 아껴서 그런 행동을 했는지는 알 수 없습니다. 하지만 그렇게 센리큐가 지켜낸 등롱은 그의 제자였던 호소카와 타다오키가 물려받았고, 흠이 난 이 유서 깊은 등롱은 호소카와 타다오키와 그의 부인 가라샤의 묘석이 되어 이곳에 세워진 것입니다. 등롱 앞에 놓여 있는 꽃 장식은 이 등롱이 단순한 등롱이 아니라, 이러한 사연과 마음이 담겨 있는 묘석이라는 것을 나타내는 듯합니다.

흠이 난 등롱

그리고 또 다른 하나의 묘는 가부키의 창시자로 알려진 이즈모노 오쿠니[32]의 묘입니다. 그리스도교와 함께 바다를 건너온 새로운 문화를 당시 사람들은 난반(南蠻남만)[33] 물건이라 부르며 받아들였는데, 교토의 시조카와라에서 가부키를 처음 시작한 이즈모노 오쿠니의 춤추는 모습이 그려진 난반 병풍도 그중의 하나입니다. 도쿠가와 미술관이 소장하고 있는 병풍에 그려진 춤추는 이즈모노 오쿠니의 목에는 십자가가 선명하게 걸려 있습니다.

왜 오쿠니는 목에 십자가를 걸고 있는 걸까요? 어떤 책에서는 당시의 유행이었다고 설명하기도 하지만 정말 그런 이유였을까요? 당시 일본에서는 폭발적인 그리스도교 확장과 교인들의 증가로 인해 선교사들이 자국에 그리스도교의 성화와 십자가를 많이 보내달라는 요청 편지를 자주 썼다고 합니다. 귀한 물건이었던 십자가가 오쿠니의 목에 걸려 있었다는 것

---

32 이즈모노 오쿠니(1572~1613): 가부키의 창시자. 일본 시마네현 이즈모시에 있는 이즈모 신사의 무녀 출신. 신사의 기부금 마련을 위해 전국을 다니며 춤을 추었다. 춤을 출 때 항상 몸에 십자가와 칼을 차고 추었다고 전해진다.

33 난반(南蠻남만): 중국인들이 남쪽에 사는 이민족을 부르던 말. 그러나 16세기 이후 포르투갈, 네덜란드 등을 위시한 서양 세력이 동남아시아 일대를 장악하고 일본, 중국 등지에 무역을 요구하기 시작하자, 일본인들은 이들 서양인에게도 남만이라는 호칭을 사용했다. 일본 최초의 그리스도교 교회를 난반지(남만사)라고 부르게 된 이유이기도 하다.

이 당시의 유행을 따라 화려하게 치장하기 위해서라고 저는 생각할 수가 없습니다. 그 시대는 그리스도교를 금하는 금교령 시대였기 때문입니다. 이즈모노 오쿠니가 이곳에 나란히 잠들어 있는 것은 신기한 인연이 아닐까요?

관람 코스에 포함되어 있지 않기 때문에 볼 수는 없지만 실은 이 고토인의 뒤편 묘지에는 현대의 그리스도인들의 묘도 있습니다. 현대 그리스도교인의 묘 중 하나는 교토에 처음으로 근대적인 서양식 병원을 지었던 사에키 리이치로(도시샤 병원 원장, 교토 간병부학교와 교토 산파학교 교장)의 묘입니다. 사에키 리이치로는 도시샤대학을 세운 유명한 교육자이자 그리스도인인 니지마 죠와 함께 새로운 교토를 건설하기 위해 큰 뜻을 품었던 사람이었습니다. 그는 그 비전을 위해 근대식 병원을 세운 것이었습니다.

이즈모노 오쿠니의 삽화

그리스도교인으로서 지금까지도 많은 사랑을 받고 있는 가라샤, 그리고 가부키의 창시자로 불리며 십자가를 목에 걸고 춤을 추었던 이즈모노 오쿠니, 또 병든 사람들을 섬기기 위해 병원을 세웠던 사에키 리이치로. 이들이 지금 이 조용한 선사에 기대어 평안히 잠들어 안식하고 있다는 것은 신비로운 힘에 의해서가 아닐까라고 느낍니다.

III 히가시야마(東山)·가모가와(鴨川) 주변 ― 교토의 순교와 영광

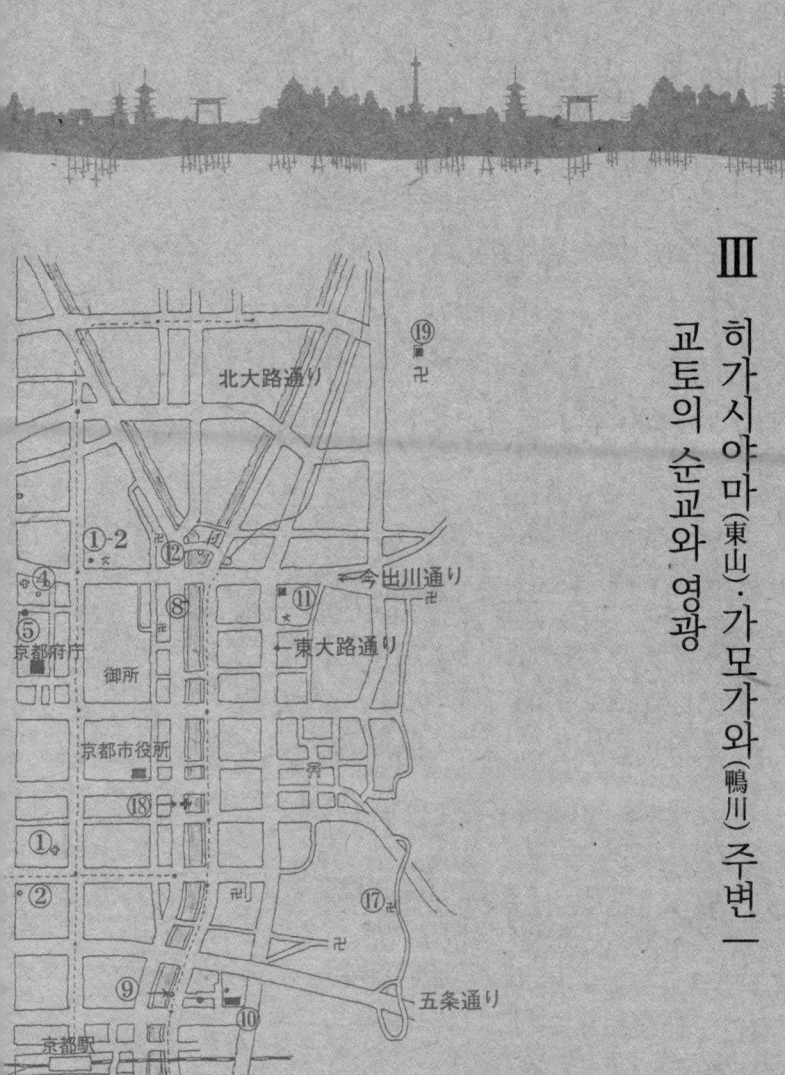

겐나 대순교지 터

히가시야마를 따라 교토의 대순교지 터를 찾아가 봅시다. 지금으로부터 400년 전쯤인 1619년(겐나 5년), 교토에서 그리스도교 탄압이 시작되었습니다. 교토에서 그리스도교인들의 사역이 점점 널리 확장되어 가면서 곳곳에 다이우스 마을(신의 마을)이 형성되기 시작했습니다. 이 마을들은 데우스(하나님)를 믿는 사람들이 모여서 만든 곳이었습니다. 하나님이라는 뜻을 가진 데우스를 '다이우스'라고 발음하면서 지금까지도 그 이름을 다이우스 마을이라고 부르게 된 것입니다.

교토에 그리스도교 탄압이 시작되자 이 마을 주변에 살고 있던 사람들은 이리저리 흩어져 자신들의 고향으로 돌아가기도 했지만, 그중에서는 오히려 탄압을 두려워하지 않고 새롭게 그리스도교인이 된 사람들도 있었습니다. 탄압은 점점 더 확산되어 오늘은 10명, 내일은 20명으로 그렇게 붙잡혀 가는 사람들이 점점 늘어나기 시작했습니다. 당시 교토 곳곳에 감옥이 있었는데 붙잡힌 그리스도교인들은 니소시로의 남쪽으로 붙잡혀 갔다고 전해집니다.

교토 대순교라고 불리는 겐나 대순교도 이즈음에 일어난 큰 순교였습니다. 수십 명의 사람들이 그리스도를 믿는다는 이유로 붙잡혔고, 그들 중에 52명의 성도들은 교토 사람들 앞에서 처형당했습니다. 그리스도를 믿으면 이렇게 죽게 된다는 본보기였습니다.

1619년인 겐나 5년 10월 5일, 처형이 발표되었고 그 다음 날 그들은 수레에 실린 채 예전 26명의 순교자들이 지나갔던 길을 따라 교토의 마을 이곳저곳으로 끌려다니기 시작했습니다. 하지만 52명의 성도들은 그날이 그리스도가 부활한 주일이었다는 것에 오히려 기뻐했다고 전해집니다. 그들을 지켜보기 위해 나온 많은 사람들의 웅성거림 속에 그들을 태운 수레는 넓은 대로를 지나 로쿠죠카와라를 향해 갔습니다. 로쿠죠카와라는 교토 대순교로 불렸던 겐나 순교가 있었던 장소입니다.

교토 국립박물관 (도요쿠니豊国 신사, 호코지方広寺, 귀무덤耳塚)

게이한시치조역에서 동쪽으로 몇 분 정도 걸어가면 왼쪽에 교토 국립박물관이 보입니다. 박물관의 서쪽으로 들어가면 오른쪽에 있는 나무숲 옆에 두 개의 둥근 아치형의 돌이 놓여 있는 것이 보이는데, 이것이 교토 시내에서 발견된 그리스도교인들의 묘석입니다.

두 개의 묘석 중에 하나의 묘석 정면에는 십자가와 세례명

등이 새겨져 있습니다. 게이초 시대(1596~1615)에 만들어진 것이라고 합니다. 또 다른 묘석엔 이름이 새겨진 부분이 떨어져 나가 구멍이 생겨 있습니다. 사실 이 묘석은 정원에서 손을 씻는 물통으로 사용되고 있었습니다. 한때는 십자가가 새겨져 있었겠지만 지금은 사라져버린 것입니다. 이 묘석들은 100여 년의 세월을 거쳐 현재 교토 국립박물관에 안치되어 있습니다.

교토 시내의 그리스도 교회 어디에서도 이제는 이런 유물들이 거의 남아 있지 않다는 것은 매우 안타까운 일입니다. 교토 국립박물관과 교토대학 박물관에 단지 몇 개의 묘석만이 보존되어 있습니다. 개관 시 자유롭게 관람할 수 있으므로 기회가 된다면 꼭 방문해 보십시오.

그리스도교인들의 묘석

교토 국립박물관 가는 길
게이한 본선 시치조역 하차. 5분 거리.
시버스 206번, 208번 계통. 박물관 산주산겐도 앞 하차.
히가시야마구 챠야마치 527
전화: 075-541-1151
관람시간: 09:30~17:00
월요일 휴관 (축일은 다음 달이 휴관) 장애자와 개호자 및 70세 이상 무료.
www.kyohaku.go.jp

빨간 벽돌로 된 교토 국립박물관을 뒤로한 채 서쪽 큰길에서 북쪽으로 올라가면 큰 돌담이 보입니다. 이 돌담은 오사카성의 거석들을 연상케 하는데 그 거석들의 옆에 오사카성을 건축한 도요토미 히데요시의 제사를 지내는 도요쿠니 신사(豊国神社풍국신사)가 있습니다.

도요쿠니 신사는 도요토미 가문이 멸망한 후에 이곳에 세워진 신사로 도요토미 히데요시를 신으로 모시는 신사입니다. 도요쿠니 신사의 문은 당나라 문이며, 후시미성의 유구(遺構)입니다. 혼간지(本願寺본원사), 다이토쿠지(大德寺대덕사)와 함께 도요쿠니 신사의 문은 일본의 국보로 3당문으로 불립니다.

도요쿠니 신사 가는 길
게이한 본선 시치조역 하차. 5분 거리. 교토 국립박물관 바로 뒷편.
시버스 206번, 208번 계통. 박물관 산주산겐도 앞에서 도보 5분.
히가시야마구 야마토대로정면 차야초 530
전화: 075-561-3802
http://toyokuni-kyoto.jp

도요쿠니 신사의 북쪽에는 호코지(方広寺방광사)라는 사찰이 있는데, 그곳에 걸려 있는 종 때문에 큰 사건이 일어납니다. 종에 새겨진 글자 때문에 도쿠가와 이에야스가 도요토미 가문을 멸족시켰기 때문입니다. 이 일은 일본인들에게는 잘 알려진 이야기입니다.

1586년(덴쇼 14년) 도요토미 히데요시에 의해 천태종의 사찰로 건립된 호코지에는 대불전이 있었는데 그 안에는 높이 19미터의 거대한 목조 불상이 있었습니다. 하지만 교토 지진과 거듭된 화재로 인해 소실되어 지금은 그 일부만 남아 있습니다. 교토 국립박물관에서부터 도요쿠니 신사까지 이어지는 거석으로 쌓은 돌담도 사실 이 사찰의 일부입니다.

호코지의 종

호코지(方広寺방광사) 경내의 종루에는 커다란 범종이 걸려 있는데 살짝 고개를 들어 앙망하듯이 그 종을 올려다보면 하얀 틀의 네모로 둘러싸인 곳이 눈에 들어옵니다. 그 안에는 국가안강(国家安康) 군신풍락(君臣豊楽)이라는 두 글귀가 새겨져 있습니다. '국가는 안전하고 건강하며, 임금과 신하는 풍족하고 즐겁다'라는 뜻입니다. 하지만 도쿠가와 이에야스는 이 글귀를 트집잡아 도요토미 가문을 멸족시켰습니다. 도대체 왜 그런 일이 일어났던 것일까요?

국가안강(国家安康)이라는 글귀 중에 가(家)와 강(康)이라는 글자를 합하면 가강(家康)인데, 이 가강(家康)이 바로 '이에야스'라는 이름입니다. 그런데 그 이에야스라는 이름을 뜻하는 가강(家康)이라는 글자가 안(安)이라는 글자에 의해 나뉘어져 있습니다. 도쿠가와 이에야스는 국가안강(国家安康)이라는 글귀의 뜻에 이에야스를 '나눠버린다, 찢어버린다, 죽여버린다'라는 뜻이 의도적으로 담겨 있다고 해석한 것입니다.

한편, 군신풍락(君臣豊楽)의 글귀를 살펴보면, 신풍(臣豊)이라는 단어가 있는데 이 신풍(臣豊)이라는 단어는 도요토미(豊)를 말합니다. 다시 말해, 군신풍락은 임금과 신하는 풍족하고 즐겁다라는 뜻이지만, '즐겁게 도요토미가 왕이 된다'라는 뜻이 의도적으로 담겨 있다고 도쿠가와 이에야스는 해석한 것입니다. 결국 도쿠가와 이에야스는 자신은 죽고, 도요토미 히데요시가 왕이 된다라는 뜻으로 해석해 도요토미 히데요시를 죽여버린 것입니다.

도쿠가와 이에야스의 정치 고문이기도 했던 '곤치인 스덴'이라는 에도 시대[34]의 승려는 바로 이 사건에서 크게 활약했는데, 그는 그리스도교 추방령을 만들기도 한 인물이었습니다. 이후 시간이 흘러 1880년, 도요토미 히데요시를 따랐던 사람들이 호코지 옆에 도쿠가와 이에야스가 없애 버린 도요쿠니 신사를 재건했습니다.

호코지 가는 길
게이한 본선 시치조역 하차. 도보 6분 거리.
게이한 본선 기요미즈고조역 하차. 도보 6분 거리.
시버스 박물관 산주산겐도 앞에서 도보 5분.
히가시야마구 야마토대로 정면 차야초 527 / 도요쿠니 신사 옆.
전화: 075-561-1720
관람시간: 본당만 09:00~ 16:00

---

[34] 에도 시대: 도쿠가와 이에야스가 세운 에도 막부가 일본을 통치한 1603년부터 1868년까지의 시기를 말한다.

여러분 이제 이곳 호코지의 높은 곳에서 서쪽을 바라봐 주세요. 가모가와(鴨川)를 향해 쭉 뻗어 있는 큰 길이 보일 것입니다. 이 큰 길이 쇼멘도리(正面通り 정면거리)로 불리는 길입니다. 호코지의 대불전 정면에 있는 길이기 때문에 '정면거리'라는 뜻의 '쇼멘도리'로 불리고 있습니다. 그 옆에 있는 길이 바로 '교토대로'입니다. 이 주변이 도요토미 히데요시 시대에는 후시미[35]로 통하는 길이었기 때문에 매우 번창했을 것입니다.

이번에는 쇼멘도리에서 서쪽으로 조금 내려가 봅시다. 그러면 길 왼쪽에 큰 공양탑이 보입니다. 살짝 높은 언덕 같은 곳 위에 멋있는 돌탑이 세워져 있습니다. 이 돌로 된 공양탑은 원래는 작은 공양탑이었지만 오랜 시간이 지난 후에 이곳에 묻힌 사람들을 공양하기 위해 크게 만들어진 탑입니다. 이곳은 조선인들의 무덤입니다. 공양탑이 세워진 무덤 앞에는 무덤에 대한 해설이 쓰여 있습니다.

오다 노부나가에게 권력을 얻게 된 도요토미 히데요시는 세상에 자신의 힘을 드러내기 위해 일으킨 임진왜란에서 무사들의 공로를 겨루기 위해 조선인 병사의 귀와 코를 잘라오

---

35 후시미: 일본 긴키, 교토도(府) 교토시 남단부의 구. 가모가와, 카츠라가와, 우지가와의 여러 강이 만나고 미네랄이 풍부한 지하수가 넘쳐났다. 때문에 후시미는 일본을 대표하는 사케의 생산지이기도 하다. 주조공업을 주로 하는 근교농업 지대였으나 지금은 주택가로 많이 변했다.

귀무덤과 가운데의 공양탑

게 했습니다. 그렇게 귀와 코가 잘린 조선인 병사들을 긍휼히 여긴 사람들이 무고한 그 죽음을 공양하기 위해 만든 무덤입니다. 한국인들에겐 의미가 큰 곳입니다. 어느 시대에나 변함없이 전쟁은 많은 생명을 잃게 만듭니다. 그런 인간의 어리석음을 전하는 슬픈 탑이기도 합니다.

사람들은 언젠가부터 이곳의 무덤을 '귀무덤'이라고 부르며 공양을 하게 되었습니다. 잔인하게 희생된 가엾은 사람들을 공양하기 위해 세운 그 마음의 크기가 이 공양탑의 거대한 크기로 표시되고 있는 것 같습니다. 지금도 재일 코리안들과 한국인들, 그리고 그들에게 긍휼한 마음을 가진 사람들이 그 죽음을 위로하고 기억하기 위해 찾아옵니다. 한국인들에게는 자신들의 소중한 국가를 무력으로 침략한 도요토미 히데요시가 지금은 일본의 신으로 추앙받고 있고, 그를 추앙하기 위해 세워진 도요쿠니 신사가 존재하는 것은 마음이 무거운 일일 것입니다. 그런 도요쿠니 신사와 조선인들의 귀무덤이 서로 이웃해 있다는 것을 일본인들은 어떻게 받아들여야 할까요? 일본 사람들은 이 일을 마음에 확실하게 간직해야 합니다. 이것은 너무나 마음 아프고 슬픈 일입니다.

그리고 귀무덤을 누가 여기에 만든 것인지 생각해볼 때, 전쟁에서 공적으로 얻기 위한 무사들이 만들었다고는 전혀 생각할 수가 없습니다. 이 귀무덤을 만든 사람들은 아마도 가모가와 강가에 살았던 가난한 사람들이 아니었을까요? 아무리 노력해도 가난하게 살 수밖에 없었던 사람들에 의해 이 귀무덤이 여기에 남겨져 온 것일지도 모릅니다.

이렇게 전해져 오는 귀무덤을 통해 일본인들은 과거의 아픈 역사를 되돌아보며 다시는 이런 일이 반복되지 않도록 잘못을 반성해야 합니다. 당시의 희생자를 추모하며 마음을 새롭게 하기 위한 중요한 기념비로 소중하게 여겨야 할 유적입니다.

귀무덤 가는 길

교토 게이한 본선 시치조역 6번 출구 도보 5분.
도요쿠니 신사에서 서쪽 방향으로 3분 거리.
1915년(다이쇼 4년), 당시 유명한 가부키 배우들이 재물을 바쳐 석책과 분향대 등을 쌓아 오늘의 모습이 된 것은 큰 위안이 됩니다.

겐나 그리스도교 순교비

귀무덤의 서쪽으로 가게들이 나란히 줄지어 서 있는 좁은 골목을 지나면 다음으로 방문할 교토 대순교지 터가 나옵니다. '로쿠죠카와라'라고 불리는 가모가와의 근원지입니다. 여기에 순교의 십자가가 세워져 있었습니다.

때는 1619년(겐나 5년) 10월 6일, 27개의 나무 기둥이 이곳 카와라에 세워졌습니다. 천국을 맞이하게 된 것을 오히려 은혜라고 믿었던 그리스도교인 52명이 화형당해 순교한 현장입니다.

겐나 그리스도교 순교비 가는 길
교토 게이한 본선 시치조역에서 하차.
가모가와 강변길 따라 2분 거리.
시버스 206번, 208번 계통.
시치조게이한 앞 하차.

27개의 십자가에 52명이 못박혀 순교했다고 하는데 숫자가 맞지 않습니다. 아마도 하나의 십자가에 두 명 혹은 세 명이 매달려 순교했을 것으로 헤아려 볼 수 있습니다. 이 십자가들은 호코지의 대불전을 향해 세워져 있었다고 합니다. 징계를 위한 본보기로 처형된 것으로 생각됩니다. 비참한 순교의 현장을 즐거움으로 여긴 사람들도 있었겠지만, 그중에는 그 모습을 눈물을 흘리며 지켜본 마을 군중들과 그리스도교인들도 분명히 있었을 것입니다.

그들을 태우며 타오르던 불꽃의 뜨거운 화기는 하늘까지도

태워버릴 만큼 순교 현장을 무섭고 처참하게 만들었을 것입니다. 또한 그들이 매달린 십자가는 매우 좁은 간격으로 촘촘하게 세워졌다고 합니다. 왜 그렇게 십자가를 겹치듯이 좁은 간격으로 세웠을까요? 이것에 관해서도 하나의 기록이 남아 있습니다.

불이 붙어 빨리 타오르게 하도록 십자가와 십자가 사이를 장작으로 수북히 쌓아 연결했다는 것입니다. 죽어가는 사람들에 대한 마지막 배려였던 것 같습니다. 화력을 강하게 한 것은 고통을 짧게 해주려고 한 긍휼한 마음 때문은 아니었을까요? 실제로 1622년 나가사키에서 있었던 대순교 때에는 가능한 한 더 많은 고통을 주기 위해 일부러 화력을 약하게 하는 장치가 있었다고 합니다. 약하게 오랫동안 화력을 주어 더 길게 큰 고통을 주려고 한 것입니다.

십자가에 달린 예수에게도 포도주를 건넨 사람들이 있었다고 성경은 기록하고 있습니다. 입을 맞춰 부르는 기도의 노래, 찬미의 노래를 들으면서 그리스도교인들의 고통이 짧아지도록 장작을 수북이 쌓아 올렸을 간수들의 고통스러운 마음을 떠올리며 저는 감동을 받았습니다.

교토 대순교는 겐나 최초의 대순교가 되었습니다. 52명의 순교 이후 나가사키에서 55명, 지금의 동경인 에도에서 51명의 순교가 차례로 발생합니다. 이 세 번의 순교 사건을 겐나 3대 순교라고 부릅니다.

그런데 교토의 대순교가 다른 순교 사건과 특별히 다른 점이 하나 있습니다. 나가사키의 순교 현장과 에도의 순교 현장에서는 선교사가 함께 있어 마지막까지 교인들을 위로하고 격려해 주었다는 기록이 있지만, 교토의 순교 현장에는 안타깝게도 단 한 명의 선교사도 없었다고 합니다. 순교한 교토의 그리스도인들은 울부짖는 어린아이를 가슴에 품고 죽어갔습니다. 아직 열 살도 채 되지 않은 어린아이들도 몇 명 있었고, 15세 이하의 아이들도 11명이나 있었다고 합니다. 어떤 기록에는 순교자들이 52명이 아닌 53명으로 기록되어 있습니다. 그 이유는 어느 부인의 뱃속에 아직 태어나지 않은 태아가 있었기 때문입니다. 이렇게 53명이 순교한 겐나 대순교는 이곳 로쿠죠카와라에서 있었던 사건이었습니다.

하시모토와 가족의 화형 장면을 그린 그림
나카야마 마사미 작. 바티칸 미술관 소장

순교가 일어났던 그날 저녁, 순교자들을 향한 안타까운 눈물 소리와 함께 그들을 조롱하던 교토 사람들의 비웃음들이 뒤엉킨 그 처참한 현장에서 하나님을 찬양하는 노래가 흘러나왔습니다. 십자가에 매달린 부모들은 역시 함께 매달린 자신의 어린아이들에게 "예수가 계신 곳으로 우리들은 돌아가는 거야. 찬양을 드리며 떠나자"라며 마지막까지 격려했다고 합니다. 아마도 순교자들은 십자가에 그들과 함께 계신 예수의 모습을 확실하게 보았을 것입니다. 이 일은 지금도 그리스도를 믿는 저와 같은 사람들에게 큰 신앙의 증거가 되고 있습니다.

가모가와 정면의 다리

교토의 순교자 52명이 복자가 되다
로마법왕청(바티칸)이 52명의 거룩함을 인정하면서 2007년 마더 테레사에게도 내린 복자의 칭호를 수여했다.

이제 다시 카와라까지 내려가 봅시다. 지금은 가모가와의 강물이 한결같이 잔잔하게 흐르고 있지만 가뭄 때가 되면 이 주변 일대는 끝없이 이어지는 자갈밭으로 변해 버립니다. 그들이 순교 당했을 때는 가뭄 때였습니다. 아마도 물이 없는 자갈 위에 십자가가 세워졌을 것입니다. 여기저기 흩어져 있는 자갈들은 그때의 슬픈 역사를 지켜봤을지도 모릅니다.

카와라에서 위쪽을 올려다봐 주세요. 순교 현장이 있었던 이곳이 로쿠죠카와라이니까 그 위로 산조카와라, 니조카와라가 계속 이어집니다. 이 지역 곳곳이 그리스도교인들에게는 순교자들의 고난의 장소로 가슴 아픈 곳이라는 마음을 갖고 바라봅시다.

겐나 그리스도교 순교비는 가톨릭 교토 교구의 많은 분들이 순교를 추모하기 위해 세운 기념비입니다. 10년 가까운 세월이 지나 '교토 겐나비를 세우는 모임'의 사람들은 비석에 사용할 돌로 교토 키타야마의 쿠라마 돌을 선택했습니다. 이 돌은 작은 돌이지만 매우 큰 영광의 증거로서 이 지역에서 오랫동안 기념되어야 할 것입니다.

겐나 그리스도교 순교비 건립에 대해

1619년 10월 6일 저녁 무렵, 교토 로쿠죠카와라에서 화형당해 순교한 그리스도인은 52명이었다. 1994년 7월 26일, 375년이 지나서야 그 땅에 그들을 위한 순교비가 세워졌다. 화창하게 갠 맑은 여름 하늘 아래, 오전 10시부터 교토시 관광과 입회하에 작업이 시작되었다. '겐나 그리스도교 순교의 땅'이라고 새겨진 비석 아래에 새하얀 세라믹 항아리를 땅에 묻고, 52명의 이름을 기록한 빨간 장미꽃 리본과 기념비 건립 취지에 찬성해 기꺼이 기부해 주신 전국의 단체와 일반 성도 전원의 이름을 기록한 명부, 나카야마 마사미 화백의 겐나 대순교 그림엽서, 나가사키 일본 26성인 기념관 관장인 유우키 료고 신부의 저서 『교토 대순교』 한 권, 순교지를 나타내는 쾜퍼 지도가 안장되었다.

당일 작업에 아침부터 함께한 '겐나 대순교 기념비를 세우는 모임'의 회원 타카스 시마요시씨는 다음과 같은 이야기를 전했다. "다섯 개의 물건을 항아리에 넣고 기도하던 바로 그때, 청명하던 하늘에서 갑자기 비가 쏟아져 내렸다. 모두들 갑작스런 비에 놀랐다. 그 비는 어쩌면 400년 가까이 잊힌 순교자들에게 지금 이순간 드디어 빛이 비춰지게 된 것에 대한 우리들의 감격스런 눈물이었을지도 모른다. 겐나 대순교가 있었을 때, 27개의 십자가 아래에 높이 쌓인 장작에 붙은 불, 그 큰 불길은 한동안 교토의 석양을 비추고 그 후 일본 전국에까지 번졌다는 기록이 있다. 이런 신비한 일은 무엇을 의미하는 것일까? 우리에게는 무엇인가를 상징하는 듯한 신기한 현상으로 여겨졌다."

가모가와 강변 정면에서 올라간 곳.
도로변에 순교비가 있다. (사진 오른쪽)

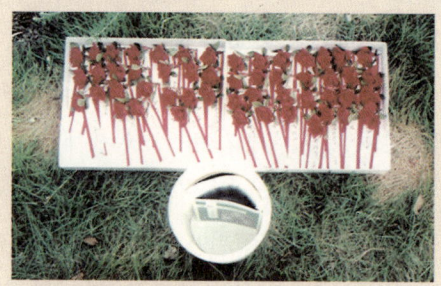

순교비 밑의 땅속에 함께 묻힌 물건들

겐나 순교자 시복[36]

가톨릭에서는 2007년 11월 23일 일본에서 첫 시복식을 나가사키에서 열었다. 베드로 지부와 187명의 순교자에 대한 시복식이었는데, 그중에 여기 로쿠죠카와라에서 순교한 52명의 겐나 대순교자들도 포함되어 있다. 수십 년 동안의 조사를 바탕으로 바티칸의 신학위원회와 추기경 회의를 거쳐 교황이 인정한 것이다.

베아타스회

가모가와(鴨川)의 순교지인 로쿠죠카와라에서 시조, 산조, 니조로 올라가겠습니다. 이 주변은 그리스도교인들에게는 절대로 잊힐 수 없는 슬픔의 땅, 순교의 장소입니다. 일본 최초의 수녀회를 설립한 사람은 교토부 야기성 성주였던 나이토 조안[37](1550?~1626)의 여동생인 나이토 줄리아(1566경~1627)입니다. 줄리아는 22세에 남편을 여의고 불교에 입문했지만,

---

36 시복: 그리스도교 중에 특별히 가톨릭 교회에서 사용하는 용어. 거룩한 삶을 살았거나 순교한 이에게 '복자' 칭호를 허가하는 교황의 공식 선언을 말한다. 시복은 로마 교황청의 엄격한 심사를 거쳐 결정된다.

37 조안: 그리스도교인이 된 뒤에 받은 세례명이다. 그의 동생 이름인 '줄리아' 역시 세례명이다.

오르간치노 선교사를 만나게 되면서 그리스도교인이 됩니다. 그녀가 그리스도인이 된 것은 31세였던 1596년이었습니다.

당시 일본에는 아직 수녀회가 생기지 않았을 때입니다. 줄리아는 여성 교인들의 입장을 이해하고, 여성들을 위한 신앙 증거의 장소가 필요하다고 생각했고 많은 사람들에게 이를 호소합니다. 그래서 줄리아는 그들과 함께 교토에 그리스도교 비구니 그룹을 조직합니다. 비구니는 불교에서 사용하는 용어입니다. 하지만 당시에는 그리스도교 비구니승이라 불렸습니다. 오늘날의 수녀회라고 할 수 있습니다. 이 수녀회가 바로 '베아타스회'입니다. 일본 최초의 여자 수도회이기도 합니다.

줄리아가 세운 일본 최초의 '교토 수녀회'인 '베아타스회'는 열심히 선교 활동을 했습니다. 그녀들 중에는 귀족 상류층과 깊은 관련이 있는 사람도 있어 궁 안의 여성들 사이에도 그리스도의 복음이 전해졌고, 그리스도교의 신앙이 뿌리를 내려갔습니다. 또한 나이토 줄리아의 영향으로 세례를 받는 사람이 점점 더 많아졌습니다. 무로마치 막부의 14대 쇼군이었던 '아시카가 요시히데'의 양자였던 '우키타 히데이에'의 부인도 그리스도교로 인도된 사람들 중 한 명으로 베아타스회의 일원이었습니다.

줄리아의 오빠였던 나이토 조안은 당시 유명한 그리스도교 다이묘였던 다카야마 우콘[38]과 함께 일본에서 추방당했는데, 줄리아 역시 그때 오빠와 함께 일본을 떠났습니다. 줄리아가 일본을 떠났음에도 그녀가 세운 베아타스회의 선교 사역은 멈추지 않고 계속되었습니다. 하나님께 순종하며 성실하고 청빈한 삶을 살았던 베아타스회의 선교 활동은 많은 사람들에게 큰 감동을 주었고, 그들을 따라 회심하는 사람들이 많이 있었습니다.

1614년(게이초 19년), 줄리아가 일본을 떠난 후 선교를 지속했던 베아타스회의 수녀들은 니조카와라에서 거적[39]에 말려 순교합니다. 특별히 지목된 15명이 순교했다는 기록이 남아 있습니다. 어떤 사람은 알몸으로, 어떤 사람은 얇은 기모노만 걸친 채 짚으로 만든 거적에 돌돌 말려 추운 겨울 하늘 아래서 "굴러! 더 굴려!" 조롱당하며 매우 잔혹하게 처형당했다고 합니다. 이후 교토는 슬픈 순교의 도시로 전 세계에 전해집니다.

---

38 다카야마 우콘(1552~1615): 센고쿠 시대부터 에도 시대 초기까지의 무장, 다이묘이다. 일본의 대표적인 그리스도교 다이묘로 알려져 있다. 1587년 도요토미 히데요시가 바테렌 추방령을 내림에 따라 그리스도교에 온건한 입장이던 마에다 도시이에에게 의존하였다. 이후 도쿠가와 이에야스가 그리스도교 금령을 공포하자 우콘은 추방되다시피 필리핀의 마닐라로 이주하고 마지막 여생은 그곳에서 보냈다.
39 거적: 짚을 듬성듬성 거칠게 자리모양으로 엮어 그 위에 고추와 같은 농산물을 말리는 데 사용했던 물건.

「기리시탄[40] 퇴치 이야기」의 삽화
(이때부터 '구르기'라는 말이 전해졌다.)

이즈모노 오쿠니

시조카와라에는 현재 교토의 '미나미 좌'[41]가 있습니다. '미나미 좌'의 카와바타에 아름다운 춤을 추는 모습의 동상이 세워져 있는데, 이 동상의 주인공은 이즈모에서 교토로 와서 가부키를 처음으로 시작한 이즈모노 오쿠니입니다. 이즈미 신사의 무녀였던 그녀는 언제 태어나 언제 사망했는지 정확히 알려져 있지 않습니다. 이즈모에서 온 오쿠니의 춤추는 모습을 교토의 사람들이 보며 즐기기 시작했고, 그것이 가부키 문화의 출발입니다. 이렇게 유서 깊은 장소이기 때문에 이곳에 가부키 극장인 '미나미 좌'를 세워 가부키를 지켜왔던 것입니다. 연말이 되면 가부키와 관련된 모든 이들이 함께 모여, 관객에게 인사하는 행사가 있는데, 이것 역시 오쿠니의 공적이라고 할 수 있습니다.

---

40 기리시탄: 그리스도인을 말한다.
41 미나미 좌: 1929년에 세워진 일본 최초의 가부키 극장.

교토대학 종합박물관 (마리아 십오현의도, 그리스도교인 묘비)

교토대학이 본격적인 국제 종합박물관을 건축했습니다. 불교 사원이 많은 교토에서 모던한 디자인으로 건축된 교토대학의 종합박물관은 정말 유니크한 미래를 지향하는 건물입니다. 박물관에 들어가면 오른쪽에는 자연사 전시관이 있습니다. 고대부터 현재에 이르기까지의 다양한 역사를 배울 수 있습니다. 왼쪽에는 문화사 전시관이 있고 그리스도교와 관련된 전시물이 몇 가지 있으니 그 전시물들을 주목해 주십시오.

우선, 이 전시실 정면에는 고개를 들어 올려다봐야 할 정도의 큰 석고로 만들어진 비석이 세워져 있는데 이 비석에는 대진경교유행중국비(大秦景教流行中國碑)[42]라고 적혀 있습니다. 대진경교유행중국비의 경교(景教)는 아시아와 중국에 전해진 그리스도교의 일파로 네스토리우스파라고 불립니다. 그리스도교에서 독립해 인도를 거쳐 중국으로 간 네스토리우스파는 '경교'로 불리게 됩니다. 경교의 선교사들은 중국 황제를 보좌하는 지위를 얻어 많은 중국 사람들에게 그리스도교를 전했

---

[42] 대진경교유행중국비(大秦景教流行中國碑): 중국 당(唐) 건중(建中) 2년(781년)에 장안 서녕방(西寧坊)의 대진사(大秦寺)에 세워진 경교(景教)의 중국 전래를 전하는 비석이다. 대진(大秦)은 로마를 뜻한다. 명대(明代)에 재발견되어 서안 비림박물관(西安碑林博物館)으로 옮겨져 보관되고 있다. 교토대학 박물관에 있는 대진경교유행중국비의 석고로 된 석비는 복제품이다.

습니다. 대진경교유행중국비는 경교의 중국 전래를 기념하는 비석입니다. 그런데 왜 중국에 전해진 경교의 기념비가 교토대학 박물관에 있는 것일까요?

800년대 초반, 쿠우카이(훗날 홍법대사로 불림)는 일본에서 당에 보낸 사신단인 견당사의 일원으로 사이초와 함께 중국으로 건너간 인물입니다. 그는 중국의 도시 서안에서 밀교를 배우고 있었습니다. 그런데 그가 머물고 있던 지역 근처에 대진사(大秦寺)라는 사원이 건축됩니다. 태진사(太秦寺)로 쓰고 '우즈마키데라'라고 읽는 이 대진사는 실제로는 불교의 사원이 아닌 그리스도교를 가르치는 '경교' 교회였습니다. 그 교회 정원에 세워져 있던 것이 바로 대진경교유행중국비입니다. 비석에는 창세기로 시작되는 성경 말씀과 함께 어떻게 그리스도교가 중국에 전해졌는지에 대해 기록되어 있습니다.

아마도 쿠우카이는 그 경교비를 보았을 것입니다. 그리고 경교에 대해서도 공부했을 것입니다. 2년의 수행을 마치고 일본으로 돌아온 쿠우카이는 경교를 통해 배운 그리스도교 문화를 일본 밀교에 응용해 새로운 밀교인 진언종을 교토 아래쪽에 있는 고야산에서 창시합니다. 현재 고야산에 있는 진언종의 사찰에는 그 만남을 기념하듯 대진경교유행중국비와 유사한 석비가 세워져 있습니다.

성경의 요한복음은 '태초에 말씀이 계시니라. 이 말씀이 하나님과 함께 계셨으니 이 말씀은 곧 하나님이시니라'라는 유명한 말씀으로 시작됩니다. 실로 이 말씀에 호응하듯 쿠우카이가 고야산에 세운 진언종은 진리의 말씀을 뜻하는 종교입니다.

교토대학 박물관에 있는 대진경교유행중국비는 덴마크 사람 프리츠 홀름이 교토대학에 기증한 복제품입니다. 실제 석비가 지닌 강력한 힘을 느낄 수는 없지만, 그리스도교와 밀교와의 역사적인 관련성을 확인할 수 있는 귀중한 자료임에 분명합니다.

이 박물관에는 그리스도교와 관계가 있는 또 하나의 유물이 있는데, 바로 그리스도교인 묘비입니다. 현재 그리스도교인들의 묘비는 20기 정도가 남아 있는데, 그중 대부분이 교토대학 박물관에 있습니다. 교토대학 박물관의 대진경교유행중국비의 복제품 좌측에 그리스도교 묘비 십여 개가 전시되어 있습니다. 나머지는 교토 국립박물관, 교토시 역사 자료관, 츠바키테라(椿寺), 쇼린지(松林寺), 라쿠사이교회(洛西教会) 등에 있습니다.

그 외에 '마리아 십오현의도'가 박물관에 보관되어 있는데, 특별 기획 전시 때에만 공개되기 때문에 평상시에는 볼 수 없습니다. '마리아 십오현의도'의 정식 명칭은 '지본저색성모자십오현의 성체비적도'입니다. 17세기 초에 만들어졌으며 2006년 복원되어 소중하게 보관되어 오고 있습니다.

교토대학 종합박물관 가는 길
교토 시버스 3번, 17번, 65번, 201번, 203번, 306번 계통. 햐쿠만벤 정류소에서 하차.
게이한 본선 데마치야나기역에서 하차. 이마데가와도리를 동쪽으로 가다 보면 햐쿠만벤 사거리가 있음.
사거리에서 남쪽으로 가면 바로 보임. 데마치야나기역에서 도보 15분.
교토시 사교구 요시다혼초
전화: 075-753-3272
www.museum.kyoto-u.ac.jp

교토 성모상

 교토 그리스도교 가와라초교회에는 그리스도교 신앙의 증거가 되는 귀중한 보물이 남아 있습니다. 어린 예수를 품에 안고 있는 성모 마리아상입니다. 예전부터 '교토의 성모'로 불리며 소중하게 여겨져 왔습니다. 그 이야기의 내용은 다음과 같습니다.

일본 선교가 한창인 때 프란시스코 하비에르가 사망하자 그 뜻을 이어가기 위해 유럽의 많은 선교사들이 일본으로 건너왔습니다. 1868년 메이지 유신 이후에도 일본은 교토에서의 선교 활동을 인정하지 않았습니다. 그런 시대에 로마에서 교황 피오 9세의 축복을 받은 하나의 물건이 교토에 전달됩니다. 그것은 바로 어느 선교사에 의해 일본에 들어온 성모 마리아상이었습니다. 이 상은 이후에 교토 사람들에게 '교토의 성모'로 불리며 많은 사랑을 받았고 숭배받았습니다.

하지만 교토에서 복음을 전하는 것이 허락되지 않았던 시대였기 때문에 선교사들은 교토를 떠나야 했습니다. 그들 중에 비구르 선교사는 언젠가 자유롭게 선교를 할 수 있는 날이 교토에도 오게 될 것을 기대하며 기도했습니다. 그리고 많은 사람들에게 그런 날이 올 것이라는 희망을 주기 위해, 일본인이었던 루이스 하라타라와 함께 교토 전체를 볼 수 있는 히가시야마의 쇼군즈카(장군총)에 교토 성모상을 묻었습니다. 그리고 비구르 선교사는 일본을 떠났습니다. 1873년의 일이었습니다.

그리고 시간이 흘러 드디어 선교가 허락된 시대가 왔습니다. 선교 허락 이후 교토에 부임한 첫 선교사는 빌리온 신부였습니다. 그는 교토에서 자신의 모국어인 프랑스어를 가르치면서 교토 사람들과 친해지기 시작했습니다. 그러던 중 오래전 들었던 교토 마리아상의 이야기가 떠올랐습니다. 빌리온 신부는 성상이 묻혔다는 히가시야마의 쇼군즈카를 찾아가 결국 교토 성모상을 찾아냅니다. 뜨거운 기도를 하는 모습으로 오랫동안 묻혀 있던 쇼군즈카의 성모상은 그렇게 다시 빛을 보게 된 것입니다. 자상한 얼굴의 마리아와 어린 예수의 모습은 지금도 그리스도교 카와라초산조교회에 보관되어 있으며, 기도를 드리는 많은 성도들에게 여전히 기도의 소중함을 말해 주고 있습니다.

쇼군즈카에서의 예배

쇼군즈카(장군총) 가는 길
도자이선 게아게역 하차. 도보 30분.
히가시야마 드라이브웨이(무료) 자동차로 5분.
단풍 명소인 쇼렌인 다이니치(청련원 대일당)도 있습니다. 야간 특별 관람도 있음. (10월 28일~12월 4일)
www.shogunzuka.com / www.shorenin.com

주넨지(十念寺십념사) (마나세 도산)

이제 여러분을 주넨지라는 사찰로 안내하겠습니다. 아츠치모모야마 시대(安土桃山時代, 1573~1603)의 의학은 교토에서 발전되어 일본 전역으로 전해졌다고 합니다. 사실 그 이전 시대인 아시카가 시대(足利時代, 1336~1573) 때부터 이미 이 지역에는 고위 지도층의 주치의가 있었을 정도였습니다. 그래서 많은 사람들이 교토에 의학을 배우러 왔습니다. 당시 의학을 지도한 매우 유명한 의사 중 한 명이 '마나세 도산'(1507~1594)입니다. 도산의 묘와 그의 공적을 기리는 비석이 곧 방문하게 될 주넨지에 있습니다.

주넨지는 가미교구 데라마치도리 이마데가와에서 북쪽으로 수백 미터 올라간 곳에 있습니다. 마나세 도산은 원래 사찰에 적을 둔 승려였지만, 이후에 그리스도교인이 된 인물입니다. 그는 1507년(에이쇼 4년) 그리스도교가 들어오기 전에 태어났습니다. 젊은 시절 도산은 의학에 뜻을 품고 동양의학을 배웠습니다. 당시의 동양의학은 명나라에서 들어온 최신 한방의학으로 이주의학이라고도 불렸습니다. 더 높은 의술을 터득하고 싶었던 도산은 14년간 수련했고, 40세가 되어서야 자신의 고향인 교토로 의사가 되어 돌아왔습니다. 1546년(덴분 15년)에 마나세 도산은 승려에서 의사가 되어 속세로 환속한 것입니다. 이후에 도산은 아시카가 요시테루 장군(쇼군)[43]의 병을 치료하면서 신임을 얻게 됐고, 이후 그 이름이 교토 전역에 알려지게 됩니다. 또한 교토의학 학교인 '케이테키인'(啓迪院계적원)을 개설하고 많은 제자를 양성했습니다.

당시는 아시카가 요시테루가 다스리던 시대로, 그가 선교를 허락하면서 많은 선교사들이 선교를 시작했고, '그리스도교 다이묘'라고 불리는 사람들이 많이 나타나기 시작한 때였습니다. 도산은 동서양 최고의 의사 중의 한 명으로서 교토에서 의학을 가르치던 중 그리스도교를 접하게 됩니다.

'루이스 프로이스' 선교사가 남긴 『일본사』와 「예수회 일본 연보」에 '마나세 도산'에 대한 기록이 남아 있습니다. 그 기록의 내용은 다음과 같습니다: 큐슈의 분고에 있던 한 선교사가 난치병에 걸려 치료를 받았지만 낫지 않자 교토에 유명한 의사가 있다는 소문을 듣고 그 의사를 찾아 갑니다. 그 의사가 바로 마나세 도산입니다. 선교사와 의사의 만남이었습니다. 두 사람은 환자와 의사로 처음 만났지만 마음의 치유에 관한 이야기로 이틀, 사흘간에 걸쳐 대화를 이어갔다고 합니다. 결국 도산은 그리스도를 받아들이고 세례를 받았습니다. 이후

---

[43] 아시카가 요시테루(1536~1565)는 일본 무로마치 막부의 13대 쇼군(재위 1546~1565). 새로운 문물에 관심이 많았고, 그리스도교의 선교를 허락했다.

수백 명의 문하생들이 줄지어 그리스도교인이 되었다는 기록이 있습니다.

일본 학자들 중에는 그런 일이 과연 있을 수 있는지 의구심을 품는 사람들도 있습니다. 그러나 그리스도교 기록에는 도산의 개종과, 많은 제자들이 도산을 따라 세례를 받았다는 내용이 분명하게 기록되어 있습니다. 약간의 과장이 있다 하더라도 이것은 역사적 사실로서 틀림없는 일이 아닐까요?

주넨지에는 지금의 주지 스님이 지은 매우 근대적인 법당인 지조도(地藏堂지장당)가 있습니다. 지조도는 팔각형의 모양을 하고 있습니다. 이것은 오다 노부나가가 아즈치성에 세웠던 천주각의 일부와 매우 닮아 있습니다. 천하통일을 꿈꾸던 오다 노부나가는 시가현 아즈치에 있는 유명한 호수인 비와호를 한눈에 조망할 수 있는 곳에 아즈치성을 건축했는데, 그 가장 높은 곳에 천주각을 지었습니다. 그 천주각이 팔각형 모양을 하고 있습니다. 오다 노부나가는 서양에서는 큰 성을 짓는다는 이야기를 선교사들에게 듣고, 자신도 큰 성인 아즈치성을 짓고 천주각을 세운 것일 수도 있습니다.

그렇게 천하통일을 꿈꾸던 오다 노부나가에 의해 지어진 아즈치성은 비와호의 수면 위에 그 장엄한 모습을 비추며 자랑할 만할 정도로 웅장했던 것 같습니다. 현재 오사카성을 비롯한 일본 각지에 세워져 있는 큰 성의 천수각들은 하늘을 지키는 누각이라는 뜻의 천수각(天守閣)이라고 기록되어 있습니다. 하지만 오다 노부나가의 성은 천수각이 아닌 천주각(天主閣)으로 기록되어 있다는 사실은 사실 거의 알려있지 않은 것 같습니다.

오다 노부나가는 왜 천수각을 특별히 '천주각'이라고 했으며, 또한 건축 양식도 다른 천수각에서는 볼 수 없는 팔각형의 층으로 만들었을까요? 오다 노부나가가 서양 선교사에게 듣고 착안한 것인지 아닌지는 알 방법이 없지만 주넨지의 지붕도 천주각과 같은 팔각형으로 지어졌다는 것은 매우 인상적입니다.

그러면 이제 주넨지의 지조도에서 아래를 봐 주세요. 그러면 3개의 원이 엮여 있는 채광창을 발견할 수 있을 것입니다. 이렇게 3개의 원이 엮여 있는 채광창을 건축한 주지 스님을 만나지는 못했지만, 이것은 마나세 도산이 그리스도교인이 되었다는 상징을 표현하기 위해 삼위일체의 하나님을 상징하는 삼륜의 채광창을 만든 것은 아닐까? 저는 생각해봅니다. 여러분들의 생각은 어떻습니까? 물론 불교에도 삼존의 형식이 있긴 합니다.

주넨지(十念寺십념사)

 자, 이제 그 옆에 있는 멋진 비석을 봐 주십시오. 이것이 일본 동양의학회, 교토 의사회에서 세운 '마나세 도산'의 기념비입니다. 마나세 도산은 교토에서 의학을 지도하며 일본 의학을 이끈 선구자로 평가받는 인물입니다. 천하에 퍼진 마나세 도산의 이름과 그 위대한 공적을 기념하기 위해 세운 기념비입니다.

마나세 도산의 묘비

마나세 도산의 기념비를 다 보았다면 그 뒷길로 지나가 보겠습니다. 그러면 묘지가 나타나는데, 그 안쪽 한 편에 마나세 도산의 묘비가 있습니다. 이곳에 도산 부부가 잠들어 있습니다. 어째서 그리스도교인의 묘가 이렇게 사찰에 남아 있는 것일까요? 그 이유는 지금도 정확하게 알려지지 않았지만 당시 불교는 그리스도교인들에게 개방적이었다는 것을 잘 알 수 있습니다. 오늘날 종교는 전쟁을 일으키는 분쟁의 씨앗이 되기도 하지만 남아 있는 역사의 흔적들을 통해 관대한 수용정신을 말해 주고 있는 것 같습니다.

대대로 그 이름과 공적이 전해져 내려오는 마나세 도산은 오다 노부나가에서부터 도요토미 히데요시, 그리고 도쿠가와 이에야스까지 3대에 걸쳐 헌신한 의학자였습니다. 그리고 그런 마나세 도산을 스승으로 모셨던 '오토모 소린'의 가문 역시 고위 지도층의 주치의 가문이 되었습니다.

오늘날 우리는 주넨지를 통해 이렇게 고요하고 차분한 풍경 속에 평안히 잠든 마나세 도산의 의사로서의 공적과 함께 그리스도인으로서의 삶도 함께 생각하며 추모할 수 있습니다. 오늘날까지 그 영혼을 위로해 온 주넨지의 따뜻한 배려에 그리스도인의 한 사람으로서 진심으로 감사를 표합니다.

이제 마나세 도산의 세례에 대해서 간단히 살펴보고자 합니다. 마나세 도산은 오르간치노 선교사에게서 세례를 받았습니다. 그때가 1584년이라는 기록도 있고, 1578년이라는 기록도 있습니다. 마나세 도산은 '벨쇼울'이라는 세례명을 받았다고 합니다. 그리고 그는 1594년 세상을 떠납니다. 이런

마나세 도산의 현창비

기록들을 통해 우리는 그가 교토에서 그리스도교인으로 생애를 마감했다는 것을 알 수 있습니다.

주넨지(十念寺십념사) 가는 길
교토 가라스마선 이마데가와역에서 도보 15분 거리.
단, 일반인에게 공개되지 않고 있습니다.

콜베 신부와 인연이 깊은 성모상이 있는 이토엔 코소인(一燈園 香創院 일등원 향창원) 가는 길
야마시나구 시노미야 야나기야마초 8.
JR야마시나역에서 도보 20분. 게이한 게이신선 시노미야역에서 도보 7분 거리.
관람시간: 10:00~16:30 (일요일, 축일, 제2, 4주 토요일 휴관)
초등학생 이하 무료.
www.kosoin.com
전화: 075-581-3136

게이한 욘노미야역에서 산쪽 방향으로 가면, 자연과 함께 생활하는 이토엔(일등원)이 있습니다. 이곳의 사람들은 아무것도 소유하지 않고 노동을 돈으로 바꾸지 않아도 살아갈 수 있다는 신념 아래, 항상 참회하는 마음으로 무소유 봉사를 실천하고 있습니다. 그런 이토엔(일등원) 안에는 창시자 '니시다 덴코'의 유품을 전시하고 있는 자료관인 코소인(향창원)이 있습니다.

바로 그 코소인(향창원) 안에는 성모 마리아상이 전시되어 있는데, 그 성모상은 이토인의 창시자 '니스다 덴코'가 1930년에 성모 기사 수도원을 방문한 기념으로 콜베 신부에게 받은 마리아상입니다. 콜베 신부는 1941년 나치의 아우슈비츠 수용소에서 청년들을 대신해 포로가 되어 '사람이 친구를 위하여 자기 목숨을 버리면 이보다 더 큰 사랑이 없나니'라는 예수의 말씀대로 목숨을 던졌습니다. 그 행위에 대해서 1982년 요한 바울 2세로부터 '사랑의 순교자'라는 성인으로 받들어졌습니다. 신록 찬란한 자연에 둘러싸여 있는 이토엔은 사계절을 불문하고 많은 사람들에게 안식과 휴식을 선사하는 곳이 되었습니다.

그리스도교와 다도 1

프란시스코 하비에르가 일본 선교에 대한 큰 뜻과 열정을 품고 교토에 왔을 때, 교토는 황폐해져 있었고 천황은 선교 활동을 허가해 주지 않았습니다. 결국 계속된 어려움 속에서 하비에르는 교토를 떠날 수밖에 없었습니다. 그런데 하비에르가 선교 사역을 하면서 느낀 가장 큰 어려움은 언어가 통하지 않는다는 것이었습니다.

하나님을 다이니치(大日)로 부르며, 하나님의 이름조차 제대로 표현할 수 없었던 언어적 어려움은 하비에르에게 가장 큰 고통이었습니다. 그래서 이후에 일본에 도착한 선교사들은 가장 먼저 일본어와 일본의 문화를 익히기로 결심합니다.

선교사들이 가장 먼저 익힌 문화는 당시 무라타 주코와 센리큐에 의해 널리 알려졌던 '다도'(茶道)였습니다. 다도는 다이묘들이 즐겼던 일본의 문화였습니다. 선교사들은 다도의 예를 배우며 일본인의 마음을 이해하려고 노력했습니다. 선교사들은 교회를 건축할 때도 다실을 만들도록 권유할 정도였습니다.

또 한편으로, 센리큐는 그의 일곱 제자들[44]과 함께 선교사들을 만나곤 했습니다. 그리고 그 만남에서 그리스도교의 가르침을 배우게 됩니다. 당시 센리큐 주변에는 그리스도교인이 된 무사와 다이묘들이 여러 명 있었습니다. 가장 잘 알려진 사람이 '다카야마 우콘'입니다. 다카야마 우콘의 다도에 대한 진심은 센리큐를 놀라게 할 정도였다고 합니다. 그리고 센리큐의 주변에는 또 오다 노부나가의 남동생인 오다 우라쿠사이, 구로다 조스이, 후루타 오리베와 같은 무사, 장군들이 있었습니다. 센리큐의 다도는 그의 제자들과 그를 따랐던 사람들에 의해 계승된 것입니다.

---

44 칠철(七哲): 센리큐의 일곱 명의 수제자를 부르는 말이다. 다도 전반에 관해 기록한 다도서인 『강잠하서』에 기록된 말이다. 7인의 수제자인 칠철은 가모 우지사토, 호소카와 산사이, 다카야마 우콘, 시바야마 무네츠나, 세타 마사타다, 마키무라 도시사다, 후루타 오리베를 말한다.

료코인(龍光院용광원), **다이토쿠지**(대덕사) **안에 있다.**
시버스 206번, 겐쿤진자마에 하차. 도보 1분 거리.
가라스마선 기타오지역에서 도보 20분 거리.
그리스도교 다이묘 구로타 조스이(1546~1604)의 묘가 있습니다.
그의 세례명은 돈 시메온입니다.
료코인은 일반인에게 공개되지 않고 있습니다.

센리큐는 일본 다도를 완성하고, 차를 진하게 만드는 방법과 의식인 '농차의 좌'(濃茶の席)를 완성한 사람입니다. 그런데 이 '농차의 좌'에 배어 있는 깊은 의식에는 성경의 가르침에서 얻어진 것이라고 생각되는 부분이 몇 가지 있습니다.

다도를 할 때 바닥에 꽃 한 송이를 놓는데, 그것은 사치를 부리는 행위가 아닙니다. 그것은 한 송이 꽃의 생명을 한 인간으로서 마주 대하고자 하는 의미라고 생각합니다. 어쩌면 그것이 다도의 시작이라고 말할 수도 있습니다. 이것은 그리스도교 선교에 있어서 중심 사상이기도 합니다. 어쩌면 센리큐는 위대하신 하나님 앞에는 부자도 가난한 자도 없고 모두 평등하다는 것을 그리스도의 가르침을 통해 깨닫게 됐고 그것을 다도 속에 녹여낸 것은 아닐까요?

센리큐의 다도에 담긴 사상을 나타내는 다실인 '타이안'(待庵대암)은 교토 '오야마자키'의 묘키암(妙喜庵묘희암)에 오늘날까지도 국보로 남아 있습니다. 또 하나의 국보로 지정된 다실인 '조안'(如庵여암)은 '오다 우라쿠사이'의 다실로, 아이치현 이누야마시에 있는 '이누야마성 유라쿠엔'에 현재까지 남아 있습니다. 오다 우라쿠사이는

다도의 찻잔에 새겨진 십자가

오다 노부나가의 남동생입니다. 그가 예전에 교토 히가시야마 겐닌지(建仁寺건인사) 옆 에이겐인(永源院영원원)에 살 때 만든 다실입니다. 그것이 두 번째 국보 '조안'입니다. 다도의 세계 안에 새겨진 깊은 정신 세계는, 이곳을 찾아오는 이들에게 조용한 대화를 이끌어내고 깊은 울림과 큰 감동을 전달하고 있습니다.

다카야마 우콘과 함께 일본에서 쫓겨난 '나이토 조안'의 이름에 있는 '조안'은 그리스도교식 이름으로 예수의 열두 제자 중 한 사람인 요한을 나타내는 세례명입니다. 매우 혹독한 그리스도교 박해가 있던 시대에 왜 오다 우라쿠사이는 굳이 조안이라는 이름을 다실에 붙였을까요? 그 이유는 지금까지도 확실하지 않지만 우리는 그리스도교와의 연결성을 통해 그 이유를 생각해 볼 수 있습니다.

지금 히가시야마 겐닌지(東山 建仁寺동산 건인사) 옆에 세워진 쇼덴 에이겐인(正伝永源院정전영원원) 안에는 우라쿠사이 부부의 훌륭한 묘비가 조용히 당시를 추모하게 해 줍니다. 이누야마성 유라쿠엔에 있는 국보 다실 조안은 원래 우라쿠사이가 이곳 '에이겐인'에 세운 것이었습니다. 에이겐인의 주지 스님은 그 뜻을 기리기 위해 이곳에 조안을 이축하려고 했지만 옮길 수가 없었습니다. 결국 주지 스님은 2006년 에이겐인 내에 조안을 완전히 같은 크기로 복원해 지었습니다. 하지만 일반인 관람은 불가능합니다.

그런데 다실 조안은 특이한 점을 갖고 있습니다. 보통의 다실 대부분은 일본식 실내 바닥인 다다미의 모양에 따라 사각형으로 되어 있습니다. 그것이 일반적입니다. 하지만 조안에는 한쪽이 비스듬히 기운 벽이 있습니다. 그 이유와 의미는 정확히 알려져 있지 않습니다. 왜 이런 비스듬한 벽면이 조안에 존재할까요? 한정된 사람들이 이용하는 한정된 공간에 존

조안(如庵여암), 한쪽 벽이 기울어 있습니다.

재하는 다실에 왜 이런 비스듬히 기운 벽이 필요했을까요?

만약 이 비스듬히 기운 벽이 그리스도교와 연관성이 있는 것이라면 어떤 것일지 생각해 볼 수 있습니다. 박해의 시대 속에서 갑작스런 위급 상황이 발생할 때 그리스도교와 관련된 물건을 숨기기 위해 필요했을까요? 또는 햇빛을 받으면 벽에 그리스도의 형상을 비추는 신비한 '기리시탄 마경'[45]을 사용하기 위해 비스듬한 벽이 필요했을까요? '우라쿠사이 창'으로 불리는 채광창을 통해 들어오는 햇살을 받으며, 기리시탄 마경은 비스듬한 벽면에 완벽하게 그리스도의 십자가상을 비추었을 지도 모릅니다.

기리시탄 마경

---

45 기리시탄 마경: 일본 그리스도교 박해의 시대에 그리스도교인들이 신앙을 지키기 위해 몰래 숨겨왔던 십자가 거울이다. 겉으로 보기엔 평범한 거울처럼 보이지만, 거울에 빛을 비춰 벽면에 반사시키면 거울 안에 감춰 놓은 십자가의 형상이 벽면에 투사된다. 기리시탄은 그리스도인을 말하며 마경은 신비한 거울이기 때문에 마경이라고 이름 붙였다. 그리스도 예수를 믿는 증거물이나 성물을 갖고 있으면 죽을 수도 있었기 때문에, 몰래라도 예수를 만나고 싶었던 일본인들의 간절함이 담긴 그리스도교 유물이다.

1559년 프란시스코 하비에르 선교사의 뜻을 이어받아 교토에 온 '가스파르 빌레라'와 '로렌소' 선교사를 당대의 쇼군이었던 아시카가 요시테루에게 소개해 준 사람이 바로 쇼덴 에이겐인의 주인이었다고 합니다. 그리스도교에 대한 사원의 강력한 반감이 있었던 시대였음을 생각할 때 종교를 뛰어넘는 만남과 관계에 대한 신비함은 감격스럽습니다. 쇼덴 에이겐인에 있는 다실인 조안은 비록 일반 공개를 하고 있지 않지만, 관람이 가능한 때가 되면 그런 역사 속의 특별한 만남을 되새겨볼 수 있는 특별한 시간이 될 것입니다.

겐닌지·쇼덴 에이겐인(建仁寺 正伝 永源院건인사 정전 영원원) **가는 길**
게이한 본선 기온시조역에서 도보 5분 거리.
시버스 202번, 206번, 207번 계통. 히가시야마 야스이 하차. 서쪽으로 들어감.
교토시 히가시야마구 코마츠초 586
일반 관람객에게 공개하지 않고 있습니다.
www.shoden-eigenin.com

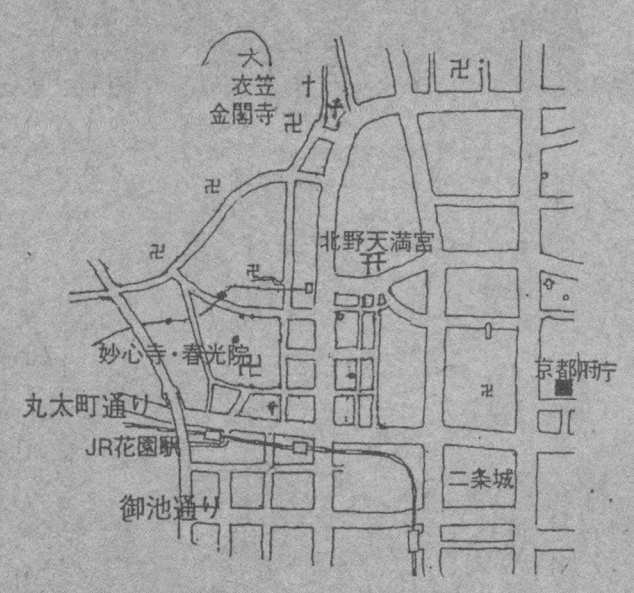

Ⅳ 라쿠사이(洛西) 주변 — 지켜낸 유물

니시노쿄 다이우스초(Nishinokyo Daiusucho)

교토에는 '니시노쿄 다이우스초'라고 불리는 지역이 있습니다. 사실 '다이우스초'라고 불렸던 마을이 몇 군데 있었는데 옛날 교토의 지도에 표기되어 있는 정도입니다. 현재 '니시노쿄 다이우스초'라고 불리는 지역에 대한 기록은 남아 있지 않습니다. 어디까지나 이 마을은 입에서 입으로 전해져 오는 마을입니다.

교토의 서쪽에 위치한 '니시노쿄 다이우스초'는 지금의 '니시오지 마루타초(엔마치)'에서 동쪽의 좁은 골목을 두 블럭 지나 북쪽 기타노텐만구로 올라가는 길입니다. 이 길은 사람들에게 '텐진 길'이라 불리며 오랫동안 사랑받아온 옛 골목입니다. '다이우스'는 데우스(신)를 뜻하는 단어인데, 사람들은 이곳을 '다이우스 사거리' 또는 '다이우스 마을'이라 불렀습니다. 그리스도교인들이 이곳에 모여 함께 살았기 때문입니다. 그래서 '니시노쿄 다이우스초'가 된 것입니다.

이 옛 마을의 골목에서 북쪽으로 가면 큰 초가지붕의 집이 나옵니다. 이곳이 그리스도교 다이묘로 유명했던 오토모 소린의 손자인 오쿠타니 가문의 집입니다. 오쿠타니 이산추안은 젊은 시절 마나세 도산에게 의술을 배웠습니다. 오쿠타니 집안은 지금도 의학을 다루는 가문입니다.

오쿠타니 주택 (교토시 지정 유형문화재) 가는 길
JR 산인본선 엔마치역에서 하차. 도보 12분 거리.
시버스 202번, 204번 계통. 기타노 중학교 앞 하차.
가미교구 텐진미치 카미노 시모다테우리 아가루 키타마치 537

 또한 일설에는 이 지역에 작은 교회가 있었다고 하는데 그리스도교 박해로 불에 타 사라졌다고 전해집니다. 지금은 전혀 흔적이 남아 있지 않습니다. 그러나 이 지역에서 그리스도교인들의 오래된 묘지가 발견되어 우리를 매우 놀라게 했습니다. 이곳에 그리스도교인들이 살고 있었다는 사실이 이 묘지의 발견으로 확실하게 알려지게 되었습니다.

 사찰에서 그리스도교인의 묘가 발견된 것은 지금 생각하면 매우 신기한 일입니다만, 당시 사찰에서는 이런 그리스도교인들까지 포용해 묘지를 제공했습니다. 주넨지에 남아 있는 마나세 도산의 묘지도 오랫동안 주넨지에서 보존해왔기 때문에 남겨진 그리스도교의 유산입니다. 그리고 주변의 몇몇 사원에서 그리스도교인들의 묘석이 발견되었습니다. 지금 그 묘석들은 교토대학 박물관에 보관되어 있습니다. 그렇기에 이 지역에서 신앙생활을 했던 이름조차 알 길 없는 그리스도교인들을 지금 우리가 추모할 수 있게 된 것입니다.

현재 그리스도교인의 묘가 남아 있는 사찰이 하나 더 있습니다. 니시오지 이치조에 있는 츠바키테라(椿寺춘사)입니다. 이 사찰에는 언제나 자유롭게 참관할 수 있는 묘석이 보존되어 있으니 꼭 방문해 보시길 바랍니다.

츠바키테라(椿寺춘사)

니시오지 이치조 거리에서 동쪽으로 가면 츠바키테라(椿寺춘사)라 불리는 지조인(地藏院지장원)이 있습니다. 가토 기요마사[46]가 도요토미 히데요시를 위해 조선에서 가져와서 선물했다는 아름다운 오색 꽃을 피우는 동백나무로 유명한 사찰입니다. 3월 하순부터 4월 중순에 꽃이 피는데, 그 꽃이 한 번에 지지 않고 꽃잎이 한 장씩 한 장씩 천천히 떨어진다고 해서 '츠바키'라고 부릅니다. 동백꽃을 뜻하는 '츠바키'에서 이름을 따서 '츠바키테라'라고 부릅니다.

츠바키테라 입구의 오른쪽에 있는 동백나무를 보면서 본당 안으로 들어갑니다. 좁은 길에서 오른쪽으로 돌아가면 옆으로 누워 있는 독특한 묘에 눈길이 닿을 것입니다. 묘석이라고 생각할 수 없는 모양의 둥글고 긴 아치형의 이상한 돌입니다. 사람들은 이 돌이 누군가의 묘석이라고 전혀 눈치채지 못했다고 합니다. 오랜 시간 동안 손 씻는 물을 받아두는 물받

---

[46] 가토 기요마사: 축성술에 뛰어났던 도요토미 히데요시의 가신. 임진왜란, 정유재란에 참전하여 활약했다. 도요토미 히데요시가 사망한 이후에는 도쿠가와 이에야스와 한편이 되었다. 세키가하라 전투에서 동군으로 참전하여 승리하였으며, 52만 석의 영지를 거느린 센고쿠 다이묘이자 구마모토번의 초대 번주가 되었다.

이로 사용되다가, 이후에 이 돌이 그리스도교인의 묘라는 것을 알게 되자 사찰에서 이를 보관하게 되었다고 합니다. 이렇게 유서 깊은 교토의 사찰에 그리스도교인의 묘가 있다는 것도 이상한 일이지만, 이 사찰에서뿐만 아니라 근처 다른 사찰들에서도 그리고 도로공사를 하다가 땅속에서도 이러한 묘들이 몇 기나 발견되어 사람들을 놀라게 했습니다.

이곳 지조인에는, 에도 시대[47]에 일어난 '아코 사건'[48]을 다룬 가부키 공연인 '추신구라'(忠臣蔵)에 등장하는 의로운 상인 '아마노야 리헤이'의 묘도 있습니다. 그리고 에도 시대의 대표적인 시인인 '요사 부손'[49]의 스승에 해당하는 '야한테 하진'[50]의 묘도 남아 있습니다.

그리스도교인의 묘비

---

47 에도 시대: 도쿠가와 이에야스가 세운 에도 막부가 일본을 통치한 1603년부터 1868년까지의 시기.
48 아코 사건: 에도 시대 중엽 아코번의 낭사(浪士)들이 기라 요시나카와 기라 가문을 대대로 섬기며 호위하는 무사들을 집단 살해한 사건.
49 요사 부손(1716~1784): 에도 시대를 대표하는 일본의 하이쿠 시인. 하이쿠는 우리나라 말로 배구(俳句)라고 하며, 특정한 달이나 계절의 자연에 대한 시인의 인상을 묘사하는 서정시이다.
50 야한테 하진(1676~1742): 토치기현 출신으로 에도 시대의 시인. 요사 부손의 스승.

억울하게 죽은 주군 '아사노 타쿠미노카미'의 원수를 갚기 위해 정의의 칼을 든 47명의 무사들을 위해 온 정성을 다해 옷을 지어 준 '아마노야 리헤이'는 의로운 상인으로 불린 사람입니다. 리헤이의 묘 곁에 서로 의지하듯 나란히 세워져 있는 묘가 그리스도교인들의 묘입니다. 그들의 이름과 십자가 표시가 있었을 것으로 생각되는 부분은 슬프게도 떨어져 나간 채 손 씻는 물을 받아두는 물받이로 사용되었던 것입니다.

정의를 위해 싸운 47명의 무사에게 감동을 받은 아마노야 리헤이와 같이 그리스도교인들은 하나님을 위해 사랑과 의로 살았던 예수 그리스도를 향한 믿음을 끝까지 지켜냈습니다. 그런 그들을 기억하기 위해 묘석에는 그들의 이름이 새겨져 있었겠지요. 하지만 지금은 그 이름들이 소실되어 매우 안타깝습니다. 비록 시간의 흐름 속에 훼손되어 버렸지만 이 그리스도교인들의 묘석은 그들의 신앙에 대한 소중한 증거임에 분명합니다. 이런 그리스도교인들의 묘석이 지금도 사찰 한 곳에 조용히 남겨져 있다는 것은 그리스도를 구주로 믿는 사람들에게는 매우 감개무량한 일일 것입니다.

츠바키테라(椿寺, 地蔵院지장원) **가는 길**

시버스 203번, 204번, 205번 계통. 기타노 하쿠바이초에서 도보 2분.
기타구 이치조 도리 니시오지 히가시 하이루
전화: 075-461-1263
https://jizouin.exblog.jp

카르멜회 수도원 예배당

교토 카르멜회 여자 수도원

교토 사람들에게 복음을 전하기 위해 교토 각지에 세워진 교회 중에 꼭 소개하고 싶은 교회가 있습니다. 금각사 주차장 북쪽에 이웃한 언덕이 보이는 곳에, 교회가 돕고 있는 아동 양호시설인 '교토 성영회'(聖嬰会)가 있습니다. 그곳 정문을 지나 언덕을 올라가면 '카르멜회 수도원'이 있습니다.

이곳은 바쁘고 정신없는 일상에서는 감히 상상할 수 없는 고요함으로 둘러싸인 기도 공간입니다. 일본식 목조 건축물로 지어졌습니다. 교회 내부는 정갈하게 닦여진 윤기 나는 아름다운 나무 바닥이 깔려 있고, 단촐한 성단 중심에는 십자가가 세워져 있습니다. 어떤 꾸밈도 없는 단조로운 공간엔 정숙하고 고요한 긴장감이 감돕니다.

이 공간은 수녀들이 매일 쌓아 올리는 뜨거운 기도의 공간이기도 합니다. 수녀들은 수도원에 한번 들어가게 되면 다시는 개인적 용무로는 이 산에서 내려오지 못한다고 합니다. 이곳은 아침, 점심, 저녁, 매일 뜨거운 마음으로 수녀들이 기도를 올리는 곳입니다. 자신들의 행복을 위한 기도가 아닌 교토 사람들의 행복과 온 세상 사람들이 평화롭게 살 수 있기를 간구하는 간절한 기도가 드려지는 곳입니다.

사적인 일로 절대로 내려가지 못하는 이 언덕은 우리 같은 일반인들의 생각과 삶과는 매우 거리가 먼 닫혀진 세상처럼 보일지 모릅니다. 그러나 바쁘고 분주하게 살아갈 수밖에 없는 우리들의 행복한 삶을 위해 그녀들이 늘 기도해 주는 감사한 공간인 것입니다.

수녀들의 이런 기도 생활은 세상과 완전히 동떨어진 것은 아닙니다. 그녀들은 따뜻한 사랑을 담은 쿠키를 만들어 교토 시조 가라스마루의 오마루 근처의 상점 '타키노'에서 판매하며 세상과 소통하고 있습니다. 작은 가게지만 꼭 들러서 수녀들의 기도와 그녀들의 따뜻한 사랑이 담긴 쿠키의 맛을 경험해 보시길 바랍니다.

카르멜회 수도원 가는 길

시버스 205번. 킨카쿠지미치 정류장 하차. 도보 9분 거리.

타키노 주점 가는 길

교토 가라스마선 가라스마역에서 하차. 니시키코지 히가시를 향해 걸어서 3분.
운영중인지 확인 후 방문 필요.
전화: 075-221-0976

묘신지(妙心寺묘심사) 슌코인(春光院춘광원)의 난반지 '종'

 이번엔 우쿄구 하나조노에 있는 묘신지(妙心寺)를 방문하겠습니다. 이 사찰은 임제종(臨済宗) 묘심지파(妙心寺派)의 대본산으로 3만 평의 대지 안에 40개가 넘는 작은 사원들이 있습니다. 우리가 방문해 볼 곳은 그중 하나인 작은 사원 슌코인(春光院춘광원)입니다.

슌코인(춘광원) 입구

이곳은 1590년(덴쇼 18년) 처음 지어진 이후 몇 번에 걸쳐 재건축되었고, 그러면서 이름도 여러 이름을 거쳐 슌코인으로 정착되었습니다. JR 하나조노역에서 3분 정도 거리이며, 정면에 멋진 두 개의 문이 보입니다. 왼쪽은 황실과 같은 특별한 손님을 맞이할 때 외에는 절대 개방하지 않는 '칙사문'입니다. 일반인은 오른쪽의 남문을 통해 사찰 내부로 들어갈 수 있습니다. 안으로 들어서면 좌우로 작은 사원들이 계속 이어져 있는데, 그중 한 곳인 슌코인에는 신기하게도 교토에 일본 최초로 세워진 교회인 난반지의 종이 지금도 보관되어 있습니다.

묘신지의 아름다운 사찰의 정문에서 돌판이 깔려 있는 정갈한 통로를 지나가면, 선종(禪宗) 고유의 당당한 자태를 뽐내는 건축물이 나타납니다. 그곳 오른쪽에서 북쪽을 바라보면 종을 달아 놓는 종루 하나가 보입니다. 그 종루 안에는 일본에서 가장 오래된 연호가 새겨진 국보 종인 황종이 있습니다. 유명한 관료이자 수필가였던 요시다 겐코[51]가 쓰레즈레구사

---

51 요시다 겐코(吉田兼好, 1283~1350): 일본의 승려이자 수필가. 노래를 잘 지어 일본 남북조 시대의 와카사천왕(和歌四天王)이라고 불렸다. 대표작으로는 1331년경 쓰여진 작품으로 인생무상을 표현한 '쓰레즈레구사'가 있다.

(徒然草도연초)⁵²를 쓰면서 이 종의 소리를 들었다고 해서 유명한 종이기도 합니다.

이 종루에서 북쪽으로 가다 보면 정면에 보이는 사찰이 슌코인입니다. 슌코인은 에도 중기의 아름다운 건축양식을 자랑합니다. 사찰 내부로 들어가면 카노파 화가 '카노 에가쿠'⁵³가 그린 멋진 장벽화가 보입니다. 벽화는 아직까지도 선명한 아름다움을 보여주며 찾아오는 이에게 큰 감동을 주고 있습니다. 그 벽화를 지나 안으로 들어가면 교토 시조 우바야나 기초에 세워진 일본 최초의 교회인 난반지의 종이 걸려 있습니다. 옛날에는 이 종을 조선에서 온 종이라고 잘못 알았다고 전해집니다.

난반지는 교토의 시조 신마치에 있었는데 다카야마 우콘과 같은 그리스도교 다이묘들에 의해 정성껏 지어진 훌륭한 목조 건축물이었다고 합니다. 당시에 100개가 넘는 난반지가

---

52 쓰레즈레구사(徒然草도연초): 작자는 요시다 겐코로, 1331년경 지금의 형태로 정리되었을 것으로 파악된다. 자연이나 사회에서 경험한 일을 중심으로 인물의 일화와 기담(奇談) 등을 섞어 가며 감상이나 의견을 서술한 수필이다. 불교와 고대 중국의 사상에 일본 고전의 교양을 더하여 다양하고 자유로운 문체를 구사하고 있다. 『마쿠라노소시』, 『호죠키』와 함께 3대 수필로 불린다.

53 카노 에가쿠(1790~1867): 에도 시대 후기에 교토를 중심으로 활동한 카노파 화가.

일본 각지에 지어졌는데 지금은 하나도 남아 있지 않습니다. 카노파 화가에 의해 그림으로 그려진 난반지의 3층 건물 모습만이 고베의 박물관에 남아 있을 뿐입니다. 슌코인에 걸린 종이 바로 그 난반지의 종입니다.

이 사찰은 일반인에게 공개되고 있지 않습니다. 특별히 허락을 받아야만 관람할 수 있습니다. 슌코인의 주지 스님의 특별한 호의로 저도 관람할 수 있었습니다. 슌코인 안에는 물이 뿌려진 아름다운 정원이 있습니다. 이곳을 조심해서 걸어 주셔야 합니다. 여기에 십자가 모양으로 끈이 걸려 있는 작은 돌이 놓여 있습니다. 여기서부터는 먼저 들어가지 말아 달라는 표시입니다.

슌코인의 '난반지 종'과 저자

문지기 돌, 관수석(関守石)

지난번 저는 여러 사람들을 데리고 이 사찰을 견학하기 위해 방문한 적이 있었습니다. 함께 방문하신 분들은 눈이 불편한 시각장애인들이었습니다. 그런데 주지 스님의 부인은 우리들을 맞이하려고 정원에 물을 뿌리고 계셨는데 앞을 볼 수 없는 방문객들을 배려해 주시고 진심으로 대접해 주시는 모습에 큰 감동을 받았습니다.

옛날에 부엌이 있던 곳을 지나 법당으로 가는 복도의 기둥에 달려 있는 이상한 모양의 종이 중요 문화재로 지정된 난반지의 종입니다. 난반지 종의 표면에는 '1577년'과 'IHS'가 새겨져 있습니다. IHS는 예수회를 상징하는 문양입니다.

◀ 예수회의 문장 HIS가 새겨져 있습니다.
▶ 1577년이라는 연도가 새겨져 있습니다.

1577년(덴쇼 5년), 이 아름다운 종소리는 교토의 온 마을에 울려 퍼졌을 것입니다. 지금도 이 종은 실제로도 사용되고 있는데 여전히 아름다운 소리를 낸다고 합니다. 동양의 종은 밖에서 종을 때려 소리를 내게 하지만, 난반지의 종은 서양의 종이기 때문에 내부에서 종을 쳐 소리를 내는 방식입니다. 옛날 400여 년 전 교토 마을에 아름답고 향기로운 종소리가 울려퍼졌을 것을 생각하면 흥분하지 않을 수 없습니다.

어떻게 이 그리스도교의 종이 이곳에 있는 것일까요? 그것에 대해 주지 스님에게 물어보았습니다. 태평양 전쟁이 발발해 전세가 더욱 격심해지자, 군대에서는 비행기, 대포, 군함 같은 군수품을 만들기 위해 가정에 있는 솥까지도 공출하라는 명령이 떨어졌고, 슌코인에도 그 공출 명령이 전달됐다고 합니다. 그 당시의 주지 스님은 난반지의 종을 조선에서 온 종이라고 생각해 공출하려다가 우연히 종에 새겨진 글자들을 보고 유서 깊은 의미가 있는 종이라는 사실을 알게 됐다고 합니다. 이 종은 조선에서 온 것이 아니라 초기 그리스도교 포교를 위해 서양에서 보내온 종이며, 그리스도교인들의 소중한 신앙의 증거라는 생각에 공출하지 않고 몰래 보관했다는 것입니다. 그리스도교인들을 위해 남겨두어야 한다는 생각에 주지 스님은 이 종을 땅속에 묻어두고는 그 대신 사찰의 소중한 물건을 공출해서 지켜냈다는 것입니다. 그 때문에 이곳 슌코인에는 사찰에서 반드시 갖추어야 하는 중요한 불교용품들 중에 없는 것들이 지금도 존재한다고 합니다. 그리스도교의 종을 지키기 위해 주지 스님이 온 마음을 다해 이루어낸 사랑의 흔적입니다.

그리스도인들은 때때로 불교를 배려하지 않고 전도만 하려고 했던 역사가 있었습니다. 그러나 그리스도교의 소중한 보물을 승려가 진심을 다해 지금까지 지켜내고 보존해준 것에 대해 공손하게 감사해야 할 것입니다.

종의 표면에는 세 개의 선이 새겨져 있는데 아마도 삼위일체 하나님을 나타낸 것이라고 생각됩니다. 그리고 중앙에 연호와 함께 예수회 문양이 새겨져 있는데 그 문양에 3개의 못과 같은 것이 보입니다. 이것은 그리스도의 양손과 발에 박힌 못을 상징하고 있습니다. 세월의 흐름 때문에 잘 보이지 않을 수도 있지만 하나 하나 꼼꼼히 살펴보고, 잠잠히 감상하면서 아름다운 종소리도 함께 들어 보시길 바랍니다.

처음에 안내해드린 것처럼 묘신지의 슌코인은 사실 일반에는 공개되지 않고 있는 사찰입니다. 하지만 정해진 절차를 통해 허가를 받을 경우에는 관람이 가능할 수 있으니 참고하시기 바랍니다. 난반지의 종은 슌코인 사찰에 있어서도 소중한 것인 동시에 그리스도교인들에게도 더욱 소중한 신앙의 증거이며 유적이기 때문에 소중하게 보존해 주고 있는 사찰 관계자에게 경의를 표하고 그 뜻에 감사하는 마음으로 관람하시길 바랍니다.

슌코인(春光院춘광사) 가는 길

교토 란덴선 묘신지역 하차. 도보 3분 거리.
JR 산인본선 하나노조역 하차. 도보 7분 거리.
템플스테이 운영 중. 방문 예약 필요.
슌쿄인 이외의 묘신지의 법당, 천정의 운룡도, 아케치의 욕실은 관람이 불가할 수 있습니다.
관람시간: 09:00~15:40
https://shunkoin.com

쇼린지(松林寺송림사) 그리스도교인 묘비

 교토에 남아 있는 20기 정도의 그리스도교인들의 묘비들 중에 사찰에 남아 있는 하나의 묘를 방문해 보려고 합니다. 우선 츠바키테라의 묘석을 제외한 모든 묘비들은 교토대학 박물관, 교토 역사 자료관 등의 공공기관에 보관되어 있어 자유로운 관람이 어렵습니다. 하지만 건립된 년, 월, 일까지 알 수 있는 묘비가 현재 가미교구의 쇼린지(松林寺송림사)에 남아 있습니다.

쇼린지(송림사) 가는 길
한큐 교토선 니시무코역 하차. 도보 5분 거리.
가미교구 치에코인도리 데미즈사가루 분도초 575

치에코인 마루타초에서 북쪽으로 올라가다가 데미즈 서쪽으로 가다 보면, 사찰 쇼린지가 있습니다. 이곳은 도요토미 히데요시가 건축한 '주라쿠다이'(聚楽第취락제)의 한켠에 있었다고 추측되는 곳입니다. 현재의 쇼린지는 이 동네 주민들의 순산을 기원해 주는 사찰로 이용되고 있지만 오래전 이곳은 다른 의미를 가진 곳이었습니다. 쇼린지의 문 안으로 들어서면 '야스데라'(安寺안사)라고 새겨진 석비를 발견할 수 있는데요. 원래는 야스데라가 아닌 '야소데라'(耶蘇寺)라 불렸을 것으로 추정됩니다. '야소'는 예수를 의미합니다. 원래 야소데라, 예수의 절이라 불렸을 것으로 추정하는 이유는 사찰의 경내에서 그리스도교인들의 묘지가 발견되었기 때문입니다.

니시노쿄 다이우스초와 가까운 이 사찰에 왜 그리스도교인들의 묘가 있는 것일까요? 묘지 한켠에 수많은 무연고 묘들이 나란히 세워져 있었는데 그중에 이 묘비가 있었습니다. 자세히 살펴보면 십자가 모양이 확실하게 보입니다. 오른쪽에는 게이초 8년 12월 25일이라는 날짜까지 선명하게 새겨져 있습니다.

왼쪽에는 '상하우루의 날'이라고 읽히는 글자가 희미하게 새겨져 있는데 아마도 '성 바울의 날'이었을 것으로 추정됩니다. 묘비 주인의 이름은 잘 읽을 수 없어 알 수 없지만 중심에 십자가가 새겨져 있기 때문에 그리스도교인의 묘비라는 것을 확실하게 알 수 있습니다.

 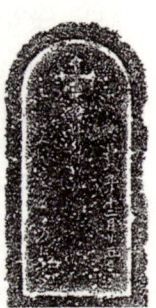

◀ 그리스도교인의 묘비
▶ 그리스도교 묘비의 탁본

쇼린지 주지 스님의 배려로 이 그리스도교인의 묘비는 2005년 9월 니시노쿄의 '라쿠사이 침례교회'에 양도되었고 영원한 안식의 처소를 맞이하게 되었습니다.

라쿠사이 침례교회 (그리스도교 역사 연구회 자료실) 가는 길
JR 산인본선 엔마치역 하차. 도보 5분 거리.
나카교구 니시노쿄 바다이초 16-9
전화: 075-463-5288

라쿠사이 침례교회, 그리스도교 역사 연구회 자료실 소장품

주라쿠다이(聚樂第취락제) 터

도요토미 히데요시는 대다회를 열었던 기타노텐만구(北野天滿宮북야천만궁) 근처에 대저택 '주라쿠다이'를 세웠습니다. '주라쿠다이'는 로마에서 돌아온 '덴쇼 견구 소년 사절단'[54]이 히데요시 앞에서 서양 음악을 연주했던 장소이기도 합니다.

---

54 덴쇼 견구 소년 사절단: 1582년에 로마에 파견된 4명의 엘리트 일본인 소년들을 중심으로 한 사절단이다. 파견됐을 당시 일본의 연호였던 덴쇼에서 명칭이 유래되었다. 4명의 소년들은 예수회가 성직자 양성을 목적으로 일본에 최초로 세운 종합교육기관인 세미나리요의 신학생들이었으며 신앙심이 깊었다. 덴쇼 견구 소년 사절단에 의해 유럽인들에게 일본의 존재가 널리 알려졌다.

**덴쇼 견구 소년 사절단의 나카우라 주리안상
(나가사키현 사이카이시)**
사절단이 가지고 돌아왔던 인쇄기로 일본어 책의 활판 인쇄가 처음으로 이루어졌다고 합니다.

1900년(메이지 33년)에, 일본 최초의 노면 전차가 JR 교토역에서 '주라쿠다이'를 지나 기타노텐만구까지 달리게 되었습니다. 그 노면 전차의 선로를 따라가다 보면, 그리스도교와 관련된 장소가 몇 군데 나옵니다. 치에코인(知恵光院지혜광원) 이치조에서 동쪽으로 가다 보면 호리카와 이치조, 모도리바시와 점점 가까워집니다.

지금은 '주라쿠다이 터'라고 하는 작은 기념비 하나만 남아 있을 뿐 예전의 주라쿠다이의 화려한 영광은 찾아볼 수 없습니다. 부귀영화를 누리던 도요토미 히데요시의 흔적은 사라지고 지금은 그저 시내가 되어 버렸습니다.

주라쿠다이(聚楽第취락제) 터 비 가는 길
교토 가라스마선 이마데가와역 하차. 도보 20분 거리.
시버스 203번. 이마데가와오미야 정류장 하차. 도보 7분.
카미교구 나카다치 우리도리 우라몬 카도

그리스도교와 다도 2

 일본 다도와 그리스도교가 서로 깊은 관계를 맺고 있었다는 것은 지금 너무나도 일반적인 사실입니다. 센리큐로부터 내려온 다도의 유명한 세 가문을 뜻하는 '산센케' 중에서 모두에게 많은 사랑을 받으며 친숙해진 '무샤노코지센케'의 '센소슈'[55]

---

[55] 센소슈: 산센케 중의 하나인 무샤노코지센케의 수장 또는 종가의 당주를 일컫는다.

는 1994년 바티칸을 방문해 로마교황 요한 바오로 2세를 만나서 그리스도교인들이 소중하게 사용하던 다기 일품을 증정했다고 합니다. 그 다기는 이마바리의 미술관에 보관해 오던 예수회의 상징인 IHS가 새겨진 다기의 복제품이었습니다.

그리스도교인들이 체포되어 마을 이곳저곳으로 끌려다니며 사람들의 본보기로 귀가 잘리는 등의 고초를 당했던 곳인 '이치조 모도리바시'에서 그렇게 멀지 않은 곳에 다실 '칸큐안'(官休庵관휴암)이 있는데 이곳은 다도의 종가인 무샤노코지센케가 지금도 운영하고 있는 곳입니다.

'산센케'의 하나인 무샤노코지센케는 일본 다도의 창시자인 센리큐와 직접적인 관계가 있는 일파이며 그 중심지가 바로 칸큐안입니다. 칸큐안에 정갈하게 진열되어 있는 훌륭하고 아름다운 도기들은 초록색 오리베 야키입니다. '오리베 야키'는 모모야마 시대(1574~1602)에 지금의 아이치현 세토에서 만들어진 도기로 주로 다기류를 말합니다. 오리베 야키는 센리큐의 제자 중 한 명인 '후루타 오리베'의 이름을 따서 지어졌으며 센리큐에게서 배운 오리베의 사상이 무샤노코지센케에 남아 있는 것입니다.

무샤노코지센케에서 좋아하는 초록색 기모노는 센리큐가 좋아했던 색이라고 합니다. 지금도 이 색을 좋아하고 소중히 여기는 것은 센리큐에 대한 마음의 깊이를 나타내고 있는 것으로 그 진심이 큰 감동을 전합니다.

칸큐안의 정원 바닥에 촘촘히 깔린 돌들, 수세 물받이, 등롱 그리고 신록 하나하나는 다도가 품고 있는 품격있는 고요함을 우리들에게 가르쳐주고 있습니다. 또한 그리스도교인들은 다도와 함께 신앙생활을 하면서 다실을 기도의 공간으로 삼았다고 합니다. '좁은 문으로 들어가라 멸망으로 인도하는 문은 크고 그 길이 넓어 그리로 들어가는 자가 많고'는 유명한 성경 말씀입니다. 다실 안으로 들어가는 작고 좁은 출입문인 쪽문은 이 말씀을 상기시키기에 충분합니다.

무샤노코지센케 '칸큐안' 가는 길
교토 가라스마선 이마데가와역 하차. 서쪽으로 도보 6분 거리.
가미교구 무샤노코지도리 오가와 히가시 하이루
전화: 075-411-1000
www.mushakouji-senke.or.jp

또한 한 송이의 다화(茶花) 앞에서는 지위가 높은 사람이나 떠돌이 풍류객이나 모두 똑같은 한 사람의 인간에 불과하다는 것을 깨닫게 됩니다. 이 정신이야말로 하나님 앞에 모두가 평등하다고 말하는 성경의 가르침과 같은 것입니다.

다도와 그리스도교 사이에 깊은 연관성이 있다고 말하는 이유는 몇 가지 동일한 형식 때문입니다. 그 전형적인 형태는 우선 예배에서 찾아볼 수 있습니다. 다실에서 이루어지는 다도의 형식과 정신은 교회에서 이루어지는 만찬식, 성찬식의 정신과 매우 흡사합니다.

차와 불교의 선종(禪宗)은 뗄래야 뗄 수 없는 인연이 있습니다. 선종에서는 찻잔에 경배를 할 뿐, 그것을 마시지는 않습니다. 그러나 다도에서는 찻잔에 예를 갖추고 한 모금을 마십니다. 이 모습은 오히려 불교가 아닌 그리스도교에서 이루어지고 있는 성찬식의 형식과 흡사합니다. 사제는 성배를 들어 하나님께 경배하고 포도주를 마십니다. 이 형식도 차를 마시는 형식과 일치합니다.

또한 다도에서는 삼베 행주로 찻잔을 닦고 찻잔에 차를 받습니다. 삼베와 비단보를 다루는 방식 하나하나는 사제가 행하는 성찬식과 같은 형식입니다. 지금도 성공회 교회에서 행하는 관습 중의 하나는 성배 하나로 성도들이 한 명씩 돌아가며 포도주를 마시는 것입니다. 센리큐의 다도 관습 중에 초록색 차가 묻은 찻잔을 닦아서 다음 사람에게 그 찻잔을 건네며 돌려 마시는 모습이 있는데 실로 성찬식과 같은 형식이라는 것이 놀라울 따름입니다. 이처럼 센리큐가 정립한 다도와 그리스도교의 예배 및 성찬식이 흡사한 것은 매우 흥미로운 일입니다.

센리큐가 머리에 쓰던 두건도 옛날 사제들이 머리에 쓰던 두건과 같은 모양입니다. 또한 가루차를 담던 나츠메와 시키베 찻잔과 같은 다도의 도구들에는 십자가가 새겨져 있습니다. 이를 통해 당시의 그리스도교인들이 얼마나 다도를 사랑했으며, 그런 다도가 그리스도교와 얼마나 밀접한 관계가 있었는지를 분명하게 엿볼 수 있습니다. 그리스도교의 가르침이 일본의 다도 정신 속에도 동일하게 새겨져 있다는 것에 감격하게 됩니다.

십자가가 새겨진 흑찻잔.
라쿠사이 침례교회, 그리스도교 역사 연구회 자료실 소장

간사이 세미나 하우스

교토에는 교토 고유의 한적한 곳에서 모임을 갖고 싶거나 조용한 곳에서 기도를 드리고 싶은 사람들을 위한 '일본 크리스천 아카데미 간사이 세미나 하우스'가 있습니다. 게이한 전철 데마치 야나기역에서 에이잔 전철로 환승해 슈가쿠인역에서 내려 자동차로 5분 정도 가면 있습니다.

전쟁이 끝난 후, 어려움을 겪는 일본인들을 위해 서로 모여 이야기를 나눌 수 있는 장소를 마련해 주기 위한 뜨거운 기도가 드려졌습니다. 이것을 위해 독일에서도 함께 열심히 기도해 주었다고 합니다. 그 기도의 힘으로 1967년 간사이 세미나 하우스가 지어졌습니다. 이곳은 그리스도교인들뿐만 아니라 노동으로 하루 벌어 하루를 살아가야만 했던 교토 사람들이 서로의 마음을 나누며 이야기할 수 있는 장소로 개방된 곳입니다. 건물 뒤편에 웅장하고 고고하게 자리하고 있는 히에이산(比叡山비에산)이 그림 같은 풍경을 선사합니다. 세미나 하우스의 정원과 다실 세신안(清心庵청심암)은 매우 유명한 곳입니다. 그리고 정원에는 일본 전통 음악을 공연하는 '노' 무대가 고요한 모습으로 자리하고 있습니다. 원래 도요쿠니 신사에 있었다고 하는 '노' 무대에서는 계절마다 공연이 열리고 있으며 많은 사람들이 즐기고 있습니다. 세미나 하우스의 중요한 행사 중 하나입니다. 교토의 도시샤대학의 타케나카 교수는 이곳에서 그리스도교 미술을 장려하는 일을 맡고 있습니다. 많은 그리스도교 예술가들의 작품이 이곳에 전시되고 있습니다.

다실 세신안은 우라센케의 종가 소시츠 장인에 의해 붙여진 이름으로, 매월 다과회가 열립니다. 차를 사랑하는 이들에게는 큰 즐거움을 주는 장소입니다. 일본, 교토를 방문하는 외국인들도 이곳에서 일본 전통 문화의 깊이와 즐거움을 몸소 맛볼 수 있을 것입니다.

간사이 세미나 하우스 가는 길

에이잔 전철 본선 슈가쿠인역 하차. 도보 22분 거리.
교토 시버스 5번 계통 승차. 슈가쿠인 미치 하차. 도보 15분.
사쿄구 이치조지타케노우치초 23
전화: 075-711-2115
www.kansai-seminarhouse.com

그리스도교 등롱

그리스도교 등롱[56]은 그리스도교 연구에 있어서 중요한 주제입니다. 그리스도교는 지금까지 이러한 그리스도교와 관련된 문화에 대해 그다지 드러내 이야기하지 않았습니다. 그러나 이제는 이런 것들이 그리스도교 문화라고 당당하게 말해도 되는 시대가 된 것 같습니다.

일본 미술사에서는 일반적으로 그리스도교와 관련된 문화를 '난반 문화' 혹은 '난반 미술'이라고 부르는 하나의 항목으로 분류합니다. 그리스도교 문화는 세계에 많은 영향을 끼쳤습니다. 일본의 근대화는 그리스도교 유입과 함께 시작되었다고 해도 결코 과언이 아닐 것입니다.

그리스도교 문화 중에서도 특별히 일본 가옥의 정원과 대부분의 다실에 세워두고 감상했던 '그리스도교 등롱'에 대해 자세히 살펴보고 싶습니다.

---

56 등롱: 돌, 나무 또는 금속으로 만든 전통적인 동아시아 등불의 일종. 일본의 등롱은 아즈치모모야마 시대(1568~1600)에 다도인들에 의해 대중화되어 정원 장식품으로 사용되었다.

기타노텐만구의 그리스도교 등롱

프로이스의 『일본사』를 번역한 사람 중 한 사람인 '마츠다 키이치'는 그리스도교 등롱과 오리베 등롱은 무관한 것이라며 그리스도교 등롱으로 알려진 등롱들을 원래의 이름인 '오리베 등롱'으로 표기해야 한다고 주장했습니다.

사실 교토 각지에서 흔히 볼 수 있는 그리스도교 등롱이라고 표기된 등롱들은 많은 부분 오리베 등롱이라고 해도 맞는 말입니다. 하지만 그중에서도 그리스도교와 관계가 있는 사람들이 소중하게 보관하고 있었던 등롱도 분명히 몇 개 있습니다.

그중 하나가 기타노텐만구(北野天満宮)에 헌납된 대형 등롱입니다. 그리스도교의 건축에 관해 많은 책을 쓴 '미야모토 켄지'는 기타노텐만구의 등롱은 그리스도교와 분명한 관계가 있다고 주장하고 있습니다. 또한 일본의 대표적인 건축물인

카츠라리큐(桂離宮계리궁)⁵⁷ 안에는 7개의 '오리베 등롱'이 있습니다. 정확히 알려진 사실은 아니지만, 카츠라리큐 건설에 관여했던 사람들 대부분이 그리스도교인들이었다고 합니다. 그렇다면 이것을 오리베 등롱이라고 해야 할까요 아니면 그리스도교 등롱이라고 해야 할까요? 이것 또한 연구해야 할 내용입니다. 앞으로 그리스도교 등롱이라고 표기된 등롱을 관람하시게 될 경우에 위의 내용을 기억하고 관람해 주시기를 당부드립니다.

기타노텐만구(북야천만궁) 가는 길
교토 란덴선 기타노하쿠바이초역 하차. 도보 7분 거리.
교토 시버스 50번, 101번, 203번 계통 승차. 기타노텐만구 앞 하차.
가미교구 바쿠로초
전화: 075-461-0005
https://kitanotenmangu.or.jp

---

57 카츠라리큐(桂離宮계리궁): 일본 교토 서쪽 외곽에 있는 17세기 초에 만들어진 일본 황족의 별장.

모건 오유키(본명: 가토 유키)
모건 오유키는 그리스도교 키누가사교회를 섬기며 헌신한 사람입니다. 기온의 게이샤였던 오유키는 일본을 방문한 모건 대재벌가의 청년 '조지 모건'의 눈에 들어 1897년 당시 4만 엔이라는 거금의 몸값을 받고 미국으로 건너간 일본 여성입니다. 그러나 그녀의 삶은 역사 속에서 농락당하게 됩니다. 그녀는 조지 모건과 결혼했지만 얼마 후 조지가 세상을 떠나게 되었고, 더 이상 남편의 성인 모건을 사용할 수 없게 되었습니다. 낙심한 오유키는 결국 미국을 떠나 교토로 돌아옵니다. 그러나 오유키는 남편의 성인 모건을 버리지 않고, 일본 국적도 포기합니다. 그리고 일본에서 남편의 성인 모건을 지킨 채 모건 오유키로 살기로 결심합니다. 그것이 남편에 대한 사랑과 정절을 지키는 것이라고 여겼기 때문입니다.
하지만 그런 오유키의 한결같은 마음을 일본인들은 존중해 주지 않았습니다. 오히려 그녀는 매국노라는 비난과 박해를 받으며 조용히 여생을 교토에서 보냈습니다. 1963년, 83세의 나이에 오유키는 남편이 기다리고 있는 하나님의 품으로 떠났습니다. 떠날 당시 그녀의 이름은 '테레지아 유키 모건'이었습니다. 테레지아는 세례를 받고 그리스도인이 된 그녀의 세례명입니다. 오유키의 영혼은 히다리 다이몬지산 옆, 그리스도교 묘원에 조용히 안장돼 있습니다. 그녀의 이야기는 뮤지컬과 전기로 만들어졌습니다.

후루타 오리베(시게나리, 1544~1615)

'오리베 등롱'을 고안한 사람으로 알려진 후루타 오리베는 많은 사람들이 그리스도교 다이묘라고 추측하지만 확실하진 않습니다. 그녀의 여동생은 그리스도교인으로 알려져 있습니다. 후루타 오리베는 센리큐의 수제자 중 한 사람입니다. 그리고 오리베 방식의 참신한 다도를 완성한 다인이기도 합니다. 참신한 도자기 세계의 선구자로 유명한 오리베는 그의 이름을 딴 '오리베 야키'를 통해 근대적인 디자인을 창시했다고 알려지기도 했습니다. 그런데 그가 참신한 현대적인 미의식을 갖게 된 것은 동남아시아를 거쳐 들어온 페르시아의 디자인 덕분입니다. 오리베는 페르시아에서 건너온 디자인을 가장 빠르게 자신의 미의식 안으로 받아들여 다도의 세계에 응용했습니다. 그러한 사실은 오늘날 명확하게 밝혀진 이야기입니다.

페르시아의 문화는 나라(奈良)의 쇼소인(正倉院정창원)에 큰 영향을 주었을 뿐 아니라 참신한 미의식으로 근대 문화를 열어갔던 다도인, 문화인, 음악인들과 같은 폭넓은 예술가들의 세계에도 큰 공헌을 했다는 것을 주목해야 합니다.

창의적인 미의식을 가졌던 후루타 오리베가 만들었다고 하는 '변형 등롱'은 '그리스도교 등롱'으로 불리고 있지만 그것이 그가 그리스도인이었기 때문인지, 아니면 새로운 취향의 자유로운 발상에서 비롯된 것인지는 정확하지 않습니다. 그러나 왜 오리베의 등롱이 특별히 그리스도교 등롱으로 불려지게 되었는지 그 이유를 우리는 생각해 볼 필요가 있습니다.

다도를 즐기는 일본 사람들은 오리베의 흑찻잔 중에 십자가가 그려진 찻잔이 여러 개 있다는 사실을 잘 알고 있습니다. 이것은 그가 그리스도인이었는지 아닌지의 여부를 떠나 그가 그리스도교와 깊은 관계를 맺고 있었다는 증거가 될 수 있습니다.

　오가와도리에서 우라센케의 곤니치안(今日庵금일암)과 오모테센케의 후신안(不審庵불심암), 그리고 다도 종합 자료관 등을 방문하셨다면, 그곳에서 북쪽으로 조금만 올라가면 만날 수 있는 코쇼지(興聖寺흥성사)라는 사찰도 함께 둘러보시기를 바랍니다. 코쇼지는 후루타 오리베에 의해 세워진 사찰입니다. 오리베의 목상을 안치한 오리베 당에서 그를 추모하는 다과회가 매년 열립니다. 후루타 오리베의 묘에 가 보는 것도 흥미로울 것 같습니다. 그의 묘는 다이토쿠지(大德寺대덕사)의 산겐인(三玄院삼현원)에 있습니다.

코쇼지(興聖寺흥성사) 가는 길
가미교구 호리카와 데라노우치우에2.
일반 공개는 되지 않습니다.
www.uji-koushouji.jp

산겐인(三玄院삼현원) 가는 길

키타구 무라사키노 다이토쿠지초 다이토쿠지(大德寺대덕사) 안에 있습니다.
일반 공개는 되지 않습니다.

V

교토 주변의 그리스도교인 ─ 교토와 그리스도교 다이묘들

다카야마 우콘(1552~1615)

교토의 그리스도교인 중에서 절대로 잊어서는 안 되는 사람들이 있습니다. 교토 출신은 아니지만 교토의 그리스도교 사역에 큰 공헌을 한 사람들입니다. 가장 잘 알려진 사람은 그리스도교 다이묘로 불렸던 다카쓰키의 성주 다카야마 우콘입니다.

우콘은 교토 우바야나기초에 난반지(南蠻寺남만사)가 건축될 당시, 산에서 나무를 베어 교토로 운반해 나르는 일을 진두지휘한 인물입니다. 단층밖에 없는 민가들 속에 훌륭한 3층짜리 목조건물인 난반지를 세워 사람들을 놀라게 했습니다. 이 풍경을 묘사하고 있는 것이 카노 모토히데가 그린 교토의 난반지 그림인 '라쿠츄 라쿠가이 쿄메이쇼즈'(洛中洛外京名所図낙중낙외경명소도)입니다.

그 당시, 다가쓰키에는 이미 몇 개의 교회가 있었는데, 교회의 교인 수가 2만여 명이나 됐다고 합니다. 다카쓰키를 방문한 알렉산드로 발리냐노 선교사는 이들을 보고 매우 놀랐다고 합니다. 1614년(게이초 19년) 도쿠가와 막부의 그리스도교 탄압이 더욱 심해지자 다카야마 우콘은 가나자와로 도피하지만 이내 전 재산을 몰수당한 채 마닐라로 추방되었습니다. 그는 1615년 마닐라에서 병사했습니다.

다카야마 우콘 기념교회(그리스도교 다카쓰키교회) 가는 길
JR 다카쓰키역 하차. 도보 10분.
다카쓰키시 노미초 2-26
www.catholic-takatsuki.jp

다카쓰키성 공원 (다카야마 우콘 석상이 있음) 가는 길
JR 다카쓰키역 하차. 도보 13분.
다카쓰키시 조나이초

다카야마 우콘, 다카쓰키 천주교회당 터 가는 길
JR 다카쓰키역 하차. 도보 12분.
다카쓰키시 오테초 3-46

나이토 조안(1550?~1626)

 나이토 조안은 다카야마 우콘과 함께 나란히 거론되는 무사 중 한 사람으로 교토 야나기성의 성주이자 다이묘입니다. 교토의 일반적인 역사에서는 그다지 알려지지 않은 인물이지만 뜨거운 신앙을 가진 그리스도교인의 한 사람으로 선교사들의 기록에 그 이름이 남아 있습니다. 그는 다카야마 우콘의 전도로 그리스도인이 되었고, 1565년쯤 난반지의 루이스 프로이스 선교사로부터 세례를 받았습니다. '조안'이라는 이름은 세례를 받은 이후에 받은 세례명으로 요한이라는 뜻입니다.

 전국 시대였던 당시, 나이토 조안은 십자가가 새겨진 군기를 들고 교토에 들어가서 많은 사람들을 놀라게 했습니다. 도요토미 히데요시가 임진왜란을 일으켜 조선 출병을 시작했을 때, 고니시 유키나가와 함께 조선으로 건너간 후에는 북경까지 전진했습니다.

 일본 천하의 주인이 도요토미 히데요시에서 도쿠가와 이에야스로 바뀐 후, 그리스도교 금교령이 내려집니다. 금교령으로 인해 그리스도교 다이묘인 다카야마 우콘은 일본에서 결국 추방되었습니다. 당시 다카야마 우콘과 끝까지 함께한 사람이 바로 나이토 조안입니다. 나이토 조안도 다카야마 우콘과 함께 일본에서 추방된 뒤, 결국 일본으로 돌아오지 못한 채 1626년(간에이 3년) 필리핀 마닐라에서 숨을 거둡니다.

앞에서 교토 히가시야마를 설명할 때 언급했습니다만, 일본 최초의 여자 수도회를 만든 사람이 바로 나이토 조안의 여동생인 나이토 줄리아입니다. 나이토 줄리아는 오빠 나이토 조안과 함께 일본에서 추방되었지만, 남아 있었던 십여 명의 베아타스회 소속 수녀들은 니조에서 산조까지 이어지는 가모의 카와하라에서 알몸으로 멍석에 말린 채 극심한 매질 고문을 받아야 했습니다. 그때 고문을 견디다 못해 순교한 수녀들도 있었다고 합니다.

나이토 조안 현창비 가는 길
JR 산인본선 야기역 하차.
도보 13분 거리.
교토 난탄 야기 야기초

나이토 조안 현창비 앞에서 행해진 축별

고니시 유키나가(1555?~1600)

그리스도교 역사에 고니시 유키나가를 자세히 언급한 자료들은 거의 없습니다. 그는 순교자도 아니었으며, 다카야마 우콘이나 나이토 조안처럼 한결같은 신앙을 지킨 인물도 아니었습니다. 그러나 고니시 가문은 아버지의 대에서부터 그리스도교인이었던 것으로 추정됩니다. 프란시스코 하비에르가 교토에 처음 왔을 때 교토에서의 생활을 도와준 사람이 바로 고니시 유키나가의 아버지 고니시 류사였습니다.

고니시 유키나가는 성인이 된 후, 다카야마 우콘의 전도로 세례를 받고 그리스도인이 되었고 다카야마 우콘과 함께 센리큐의 제자로서 매우 친하게 지냈다고 합니다. 다카야마 우콘이 아사노 요시나가의 분노를 샀을 때, 고니시 유키나가는 다카야마 우콘과 오르간치노 신부를 쇼도시마(小豆島소두섬)로 피신시켜 그들을 도왔습니다.

임진왜란이 일어났을 때, 고니시 유키나가는 나이토 조안과 함께 도요토미 히데요시를 주군으로 섬기며 조선을 침략했습니다. 도요토미 히데요시가 죽은 후에는 다시 열심히 신앙생활을 했지만, 1600년에 벌어진 세키가하라 전쟁[58]에서 도쿠가와 이에야스의 군대에 포로로 붙잡혔습니다. 고니시 유키나가는 무사로서 스스로 목숨을 끊어 명예를 지키는 할복 자살을 거부했습니다. 스스로 목숨을 끊는 것을 허용하지 않는 그리스도교의 성경적 가르침 때문이었습니다. 결국 고니시 유키나가는 시치조 카와하라에서 참수당해 생을 마감했습니다.

---

[58] 세키가하라 전쟁: 1600년 10월 21일. 미노국 후와군 세키가하라에서 벌어진 전쟁이다. 이 전쟁으로 도요토미 히데요시는 권력을 잃었고, 도쿠가와 이에야스의 시대가 열렸다. 이 전쟁 이후 약 200여 년간 평화의 시대가 시작되었으며 도쿠가와 가문은 1868년까지 일본을 지배하게 된다.

고니시 유키나가[59]는 전쟁에서 목숨을 잃었지만, 일본의 그리스도인으로서는 중요한 인물입니다. 그는 자신의 영지 내의 그리스도인들을 보호했고, 다카야마 우콘의 생명을 구했습니다. 또한 오사카의 한센 환자들을 위한 병원을 세우고 고아 구제 사업에 온 힘을 쏟았습니다.

고니시 유키나가 생가 터 가는 길
한카이 전기 한카이선 신메이초역 하차. 도보 1분 거리.
오사카 사카이 슈쿠야초히가시 1-1

---

59 고니시 유키나가처럼 임진왜란에 참전했던 일본 그리스도교인들을 어떻게 바라봐야 하는지에 대해서는 생각해야 할 여지들이 많다. 한국인들에게는 침략자인 동시에 그리스도교인이기 때문이다. 복잡한 문제지만 이 역시도 그리스도교의 역사 안에서 외면하지 말고 바라봐야 하는 문제임에 분명하다.

호소카와 가라샤 (1563~1600)

 주군이던 오다 노부나가를 혼노지에서 쓰러뜨린 반역자 아케치 미쓰히데의 딸, 세례명 가라샤로 불렸던 호소카와 가라샤는 중요한 그리스도인입니다. 반역자였던 아버지로 인해 그녀의 삶은 시대의 물결 속에 흔들리며 고통과 인고의 세월을 보내야 했습니다. '타마'라고 불렸던 그녀는 10대의 어린 나이에 호소카와 가문으로 시집을 갔습니다. 그녀가 남편 호소카와 타다오키와 생활한 곳은 지금의 나가오카쿄시에 있는 쇼류지(勝竜寺승룡사)입니다. 호소카와 가문의 성 터였던 쇼류지성은 옛모습 그대로 복원되었습니다. 매년 11월에는 나가오카쿄시에서 가라샤 축제가 열리는데 축제 행렬의 최종 목적지가 바로 소류지성 공원입니다.

 오다 노부나가는 가라샤에게 남편인 호소카와 타다오키를 소개해 준 주군이었습니다. 아버지인 아케치 미쓰히데가 주군에게 반란을 일으켰으니 아마도 가라샤에게는 충격적인 일이었을 것입니다. 오다 노부나가가 쓰러졌다는 소식을 들은 도요토미 히데요시는 그 원수를 갚기 위해 출병했고 아케치 미쓰히데와 일전을 벌입니다. 하지만 그녀의 남편 호소카와 타다오키는 가까이에 있었음에도 아버지 아케치 미쓰히데를

도우려고 하지 않았다고 합니다. 결국 아케치 미쓰히데는 패전해 목숨을 잃게 됩니다.

호소카와 가리샤는 아버지의 죽음 이후, 역사의 소용돌이에 휘말리며 남편과의 사이도 편하지 않게 됩니다. 결국 남편을 피해 세상과의 연을 끊은 채 후나고의 산중 미도노로 들어갑니다. 깊은 산속에서의 은둔생활이 시작된 것입니다. 어느덧 시간이 흘러 그녀에 대한 관심이 사라지자 비로소 오사카의 집으로 돌아왔지만 집으로 돌아왔음에도 그녀의 삶은 결코 행복하지 않았습니다.

그 고통스런 슬픔 속에서 그녀는 그리스도의 복음을 듣게 됩니다. 그리스도교 다이묘였던 다카야마 우콘과 나이토 조안, 그리고 같은 여성으로서 자신의 모든 삶을 하나님께 드렸던 나이토 줄리아와 수녀들의 모습에 그녀는 깊은 감동을 받았고 자신의 신앙을 고백하며 그리스도인이 되었습니다. 그리고 붙여진 이름이 가라샤였습니다. 타마로 불려왔던 그녀가 이제는 가라샤로 불리게 된 것입니다. 밖으로의 외출이 금지된 채 살아야 했지만, 그녀는 그리스도교의 책을 읽으며 위로와 평안을 얻기 시작했습니다. 그러나 그 평안도 그리 길지 못했습니다.

이번에는 도쿠가와 이에야스가 도요토미 히데요시와 적이

되면서 또 다른 역사의 소용돌이가 치기 시작하고 그녀는 또다시 고통을 겪게 됩니다. 도요토미 히데요시를 주군으로 섬기던 이시다 미쓰나리가 도쿠가와 이에야스와의 전쟁에서 그녀를 인질로 붙잡아 전쟁의 도구로 이용하려 했기 때문입니다. 가라샤는 두려움에 휩싸였습니다. 하지만 스스로 목숨을 끊지도 못한 채, 자신의 하인이었던 오가사와라 쇼사이에게 목숨을 끊게 해달라고 부탁합니다. 결국 오사카성 근처의 타마츠쿠리 저택 안에서 하인의 손에 의해 목숨을 끊고 짧은 생을 마감합니다.

그녀는 큰 권력을 가졌던 성주의 딸로서의 생애도, 호소카와 가문의 안주인으로서의 생애도, 유명한 그리스도교인으로서의 생애도 행복했다고 할 수 없었습니다. 하지만 잠시 이 땅에서 영원한 천국을 믿음으로 인해 지금은 그곳에서 영원한 안식 속에 기쁨과 행복을 누리고 있을 것입니다.

그녀가 온 생애를 남편과 타인에 대한 사랑 속에서 마쳤다는 것에 세상 사람들은 언젠가부터 큰 관심을 갖게 되었습니다. 가라샤의 삶과 그녀의 신앙은 오늘날까지도 유럽에서 높게 평가되고 있습니다. 그녀의 이야기는 오페라로 만들어진 적이 있었습니다. 푸치니의 오페라 나비부인보다 더 높은 신앙의 증인으로 평가받으며 그녀의 이야기로 만든 오페라는 큰 갈채를 받았지만 아쉽게도 잊히고 말았습니다. 그러나 우연히 스페인의 한 박물관에서 이에 관해 기록된 문서가 발견되면서 이후에 드라마와 가곡으로 만들어져 일본에서도 재공연 운동이 일어났습니다.

가라샤 부인 은거지 비 가는 길
교토 교탄고 야사카초 슈가와
단테쓰미야마이 미야토미야 선 미네야마역 하차. 자동차로 35분 거리.
www.kyotango.gr.jp/gracia-midono/
0772-65-2111(야사카 시민국)

쇼류지성 공원 가는 길
JR 나가오카쿄역 동쪽 출입구에서 남쪽으로 도보 10분.
한큐버스 쇼류지성 공원 하차.
나가오카쿄시 쇼류지 13-1
전화: 075-951-2121
화요일 휴무

쇼류지성 공원 안에 있는 호소카와 가라샤 부부의 동상

연표

서력	연호	항목
1547	덴분 16년	프란시스코 하비에르, 말라카에서 일본인 야지로의 방문을 받아 죄의 고백을 듣게 되고 일본 포교를 위한 열정을 품게 됨.
1549	덴분 18년 (6월) (8월 15일)	하비에르는 2명의 스페인 선교사와 함께 중국선을 타고 말라카를 출항, 일본으로 향함. 하비에르, 야지로의 안내로 가고시마에 상륙.
1550	덴분 19년 (12월)	하비에르는 천황의 포교 허가를 받기 위해 야마구치를 거쳐 교토로 감. 교토는 전란이 끝난 지 얼마 되지 않아 혼란스러운 상황. 하비에르는 11일 넘게 체류하지만 낙심하고 교토를 떠남.
1559	에이로쿠 2년	가스파르 비레라, 전 비와법사 로렌소, 분고에서 오사카를 거쳐 오오츠 사카모토를 지나 히에이잔으로 감. 천태종 대표 수석 승려 방문을 시도하지만 실패하고 교토로 오게 됨.
1560	에이로쿠 3년	가스파르 비레라, 아시카가 요시테루를 알현하고 포교 허가를 받음. 그리스도교가 공식 허가됨. 시조 보문의 우바야나기초에 토지 가옥을 매입. 코로모노타나(시조 신마치)에 집을 빌림. 그 후 로쿠죠 신마치로 이전.

1563	에이로쿠 6년	루이스 프로이스가 일본에 도착. 오무라 스미다타, 최초의 그리스도교 다이묘가 됨. 다카야마 히다노카미, 유키야마 시로노카미, 기요하라노 시게카타 개종.
1564	에이로쿠 7년	루이스 프로이스, 12월 31일 교토 도착.
1565	에이로쿠 8년	루이스 프로이스, 비레라, 7월 31일 교토에서 추방당함.
1569	에이로쿠 12년	루이스 프로이스, 니조성(교토)을 건축하던 오다 노부나가를 만남. 포교 허가에 대한 공문서를 받음.
1570	겐키 1년	프로이스를 돕기 위해 오르간치노가 일본에 파견됨. 오르간치노, 카브라르, 로페스, 3명의 선교사가 교토에 오게 됨.
1575	덴쇼 3년	교토 난반지 건축 시작됨.
1576	덴쇼 4년	아츠치성이 건축됨. 교토에서는 8월 15일 3층 건물 난반지가 성모 마리아에게 봉헌됨. (하비에르 도일 25년째)
1577	덴쇼 5년	슌코인의 난반지 종(1577년 명기). 오르간치노가 오다 노부나가를 만남. 다카야마 우콘의 영지 다카쓰키를 중심으로 그리스도교인 수가 늘어남.
1578	덴쇼 6년	큐슈 오이타의 다이묘였던 오토모 소린이 세례를 받음. (젊은 시절 교토 다이토쿠지에서 득도, 즈이호인을 세움)
1582	덴쇼 10년	덴쇼 견구 소년 사절단이 로마로 감. 교토의 교인 수 2만 여명. 오다 노부나가가 혼노지에서 아케치 미쓰히데에 의해 쓰러짐. 미쓰히데의 딸 호소카와 타마(타마코)가 탄고 미도노에 유폐됨.

1583	덴쇼 11년	오르간치노, 도요토미 히데요시를 알현. 오사카 천주당 대지를 수여받음.
1584	덴쇼 12년	히데요시의 사무라이 의사인 마나세 도산이 교토에서 세례를 받음. 마나세 도산의 많은 제자들이 그리스도교인이 됨.
1588	덴쇼 16년	호소카와 타다오키의 부인인 '타마'가 세례를 받고 '가라샤'로 개명.
1591	덴쇼 19년	2월25일, 이치조 모도리바시의 센리큐의 목상이 기둥에 묶인 채 책형당함. 2월 28일, 할복한 리큐의 머리가 목상의 발 아래 버려짐. 3월 3일, 견구 소년 사절단, 교토 주라쿠다이에서 히데요시를 알현, 양악 연주.
1596	게이초 1년	11월, 교토에서 프란시스코회 성도 24명이 붙잡혀 사형선고를 받음. 일행은 귀를 잘린 채 마을에서 끌려다님. 오사카 사카이에서 고문받고 800킬로미터 거리의 나가사키로 보내짐.
1597	게이초 2년	2월 5일, 26명은 나가사키 니사자카 언덕에서 책형당함.
1601	게이초 6년	도쿠가와 이에야스, 선교사들에게 나가사키 거주를 허락함.
1612	게이초 17년	교토 난반지가 파괴됨.
1613	게이초 18년	도쿠가와 이에야스가 승려 '곤치인 스덴'에게 금교령을 만들게 하고 발령. 그리스도교를 금함.
1614	게이초 19년	다카야마 우콘, 나이토 조안, 나이토 줄리아 등 200여 명이 마닐라로 추방됨. 기타노 난반지가 오쿠보 타다치카에 의해 전소됨.

1619	겐나 5년	10월 6일, 교토 대순교. 다이부츠덴호코지(대불전방광사) 서쪽 로쿠죠 가와하라에서 52명의 그리스도교인 화형에 처해짐. (남 26명, 여26명 중 11명은 15세 이하의 어린이)
1622	겐나 8년	나가사키에서 잠복 선교사와 교인 55명 순교.
1623	겐나 9년	안젤리스 선교사와 51명이 에도(동경)에서 순교
1626	간에이 3년	후미에를 시작. 나이토 조안, 필리핀 마닐라에서 사망.
1639	간에이 16년	막부의 그리스도교 금교령이 더욱 강화되어 핍박이 거세짐.
1862	분큐 2년	나가사키에서 순교한 26명이 성인으로 인정됨. 일본 26성인으로 칭함.
1865	게이오 1년	우라카미의 교회에 숨어 있던 잠복 교인들이 신분을 밝히고 나타남.
1871	메이지 4년	이와쿠라 대사 일행, 조약개정 교섭으로 구미로 향함. 우라카미 사건의 문초를 당함.
1873	메이지 6년	그리스도교 금지 게시판을 철거. 교토의 성모상을 쇼군즈카(장군총)에 매장.
1879	메이지 12년	빌리온 신부가 교토의 성모상을 발굴.
1889	메이지 22년	헌법에 의해 종교의 자유가 인정됨.
1890	메이지 23년	교토의 교회가 성 프란시스코 하비에르에게 봉헌됨.

맺는 말

복음을 전하기 위해 교토에 부임한 지 46년, 그리스도의 삶에 대해 전하는 일을 하면서 느낀 것은 한 사람을 알기 위해서는 그 사람이 살아온 역사를 이해해야 한다는 것입니다. 그 사람의 진실한 모습은 그가 살아온 삶의 역사로 알 수 있다는 것이었습니다.

이전에 저는 나가사키의 26명의 순교자들이 나가사키 사람들이라고 생각했습니다. 그러나 제가 교토에 살게 된 후, 그들이 교토의 그리스도인이었다는 것을 알게 되었습니다. 억압

정치에 맞서 더욱 하나님을 향한 믿음으로 살고자 했던, 우리 마을 사람들을 위해 그 진상을 알아야 할 이유가 저에게 생겼습니다.

지금은 교토의 그리스도인들의 역사에 대해 알고 있는 사람이 거의 없습니다. 그러나 복음을 전하기 위해 목숨을 걸고 교토에 온 선교사들과 죽는 순간까지도 신앙을 지키기 위해 순교조차 영광으로 여기며 전국 시대를 살아왔던 그리스도인들의 고난과 기쁨의 진상을 드러내는 것은 목마른 시대를 사는 우리들과 무관한 일이라고 말할 수 없다는 것을 알게 되었습니다.

그리스도교 관련 서적들은 수없이 많기에 무능한 제가 덧붙일 필요가 없을 것이라고 생각하면서도 굳이 출판을 생각한 것은 누구나 사용할 수 있는 쉬운 안내서가 되기를 바라는 마음에서입니다. 역사 연구가도 작가도 아닌 저의 서툰 또 하나의 교토 안내서가 보잘것없다 할지라도 교토를 사랑하는 분들에게 도움이 되기를 바랍니다. 이 안내서는 집필하는 동안 좋은 분들과의 만남을 통해 완성된 결과이며 저의 큰 기쁨이기도 합니다.

단, 교토 남부 후시미 지역은 도요토미, 도쿠가와 시대를 통해 한때는 교회 사역도 활발했다고 합니다만, 지금은 분명한 유적이 남아 있지 않아 이 책에서는 기록할 수 없었음을 송구하게 생각합니다.

프란치스코 하비에르가 있던 시기까지 400년을 거슬러 올라가며 유적들을 돌아보고자 해도 엄격한 그리스도교 금지령의 감시하에 있었던 교토였기 때문에 현재 교회에 남아 있는 자료가 턱없이 부족했습니다. 그래서 사찰에 남겨진 역사 흔적을 찾기 시작했고, 시내의 여러 사찰들의 특별한 배려를 받았습니다. 무라사키노 다이토쿠지의 탑두 '즈이호인', 고토인의 주지 스님, 그리고 관련 사원의 주지 스님의 부인의 협조가 없었다면 이 책은 세상에 나오지 못했을 것입니다. 특히 중요 문화재 '난반지의 종'을 보존하고 있는 묘신지 슌코인의 주지 스님, 가와카미 시로 선생님께는 바쁘신 중에도 시간을 내주시고 귀한 말씀 전해주신 것에 대해 다시 한번 감사의 인사를 전합니다.

그리고 오츠카 요시나오 수교님과 타나카 켄이치 명예 주교님의 협조에 진심으로 깊은 감사를 전하고 싶습니다. 프란시스코의 집 루카 홀스틱 신부님과의 만남을 위해 큰 힘을 보태 주셨습니다. 나가사키 가이카이시 출신의 시마자키 켄지씨와는 우연한 만남을 통해 귀중한 사진을 제공 받을 수 있었습니다. 그 외에도 아마다 시게루씨와 같은 많은 분들의 협조를 얻을 수 있었던 것은 참으로 행운이었습니다.

저에게 출판의 기회를 주시고 성가신 작업까지 손수 도와주신 산가쿠 출판사의 나카키리 노부타네씨의 큰 지원에 깊이깊이 감사드리는 바입니다. 나카키리씨를 소개해 주시고 출판을 권면해 주신 그리스도교 역사 연구회의 故 우쿠니 야스시 교수님을 추모하며 감사를 올립니다.

마지막으로 본서의 출판을 위해 지금까지 도와주신 분들께 마음 깊이 진심으로 감사를 드립니다. 집필을 위해 많은 책을 참고했습니다. 본서의 부족한 부분은 각 전문서점을 방문하여 참고한 저서를 찾아 읽어 주시기 바랍니다. 아래에 그리스도교 서점을 안내해 드립니다.

St. Paul's Book Centre
성 바울 북센터
나카교구 카와하라초도리 산조아가루 시모마루야초 423
전화 : 075 - 256-9678
수요일 휴무

교토 요르단사
가미교구 아라카미구치도리 카와하라초 히가시 하이루
전화 : 075 - 211-665

2007년 5월, 성령강림절을 앞두고, 저자 스기노 사카에

촬영 후기

노부나가, 히데요시, 이에야스 시대, 교토를 중심으로 긴키 지방에 약 2만 명 정도의 그리스도교인들이 살고 있었다는 기록이 있습니다. 1576년에는 교토에 난반지라 불리는 교회가 세워져 미사가 드려졌습니다.

그러나 히데요시의 금교령으로 모든 교회는 파괴되고 이어서 정권을 잡은 도쿠가와 시대에 더욱 심한 탄압이 더해져 교토에서 그리스도교의 그림자는 사라지게 되었습니다. 하지만 200여 년이 지난 오늘날, 일본 26성인 순교자 발상지로, 그리고 '겐나 대순교'의 땅으로, 많은 유적이 남아 있는 교토를 주목하고 금교령의 폭풍 속에서도 끝까지 신앙을 지켜낸 그리스도인들을 추모하는 사람들이 최근 교토를 방문하게 되는 일이 많아졌습니다.

이런 관광객들을 위한 가이드 북의 역할을 하는 본서를 이번에 교토 라쿠사이 침례교회의 스기노 사카에 목사님이 출판하게 되면서 그리스도인인 저에게 사진촬영을 의뢰해 주셨습니다. 스기노 목사님과는 교토 그리스도교 문화 자료관을 통해 친하게 지내오고 있었고, 사진작가의 기쁨이라 여겨 협력하기로 한 것입니다.

교토의 그리스도인에 관한 사진이라고 해도 촬영 대상물은 거의 사라지고 희미해져 교토시가 세운 작은 팻말 정도뿐으로 당시를 추모할 수 있는 물건은 아무것도 남아 있지 않은 것이 현실이었습니다. 당시, 교토에서 그리스도교인 탄압이 얼마나 심했는지를 새삼 실감할 수 있었습니다.

촬영은 역사적 사실을 근거해 가능한 많은 취재를 하려고 노력했습니다. 취재 중 만난 많은 사람들로부터 다양한 이야기를 들을 수 있었습니다. 계절이 변할 때마다 시간을 달리하며 장소를 찾아갔고, 납득이 가는 사진을 찍을 때까지 몇 번이나 발을 옮겼습니다. 매우 꾸준히 해야 하는 작업이었지만 즐거운 시간이었습니다.

카메라를 들고 촬영을 하러 가는 곳마다 다양한 만남이 있었습니다. 저의 선조도 1500년대 후반에 고난의 신앙생활을 하고 있었다고 생각하자 감개무량했습니다. 1865년 3월, 나가사키 오우라 천주당에서 역사적인 신도 재발견이 있었는데, 저의 선조도 같은 해 9월에 나가사키 가이카이에서 프치쟌 신부에게 신앙을 고백했습니다. 오랜 그리스도교 금교령으로 인한 박해 속에서도 신앙을 지켜낼 수 있게 해주신 하나님께 감사드립니다.

사진 촬영을 위해 많은 분들이 도움을 주셨습니다. 교토 교구의 오츠카 요시나오 주교님, 타나카 켄이치 주교님, 프란시스코의 집의 루카 오르스틴크 신부님, 아마다 시게루 교수님, 그리고 목차 상부에 실을 수 있도록 26성인을 나타내는 것으로 생각되는 난간을 제공해 주신 우메하라 히데오씨, 귀중한 로자리오등 4점의 유물을 기증한 나카사키 가이카이의 야마시타 켄죠씨, 같은 가이카이에서 세례를 돕고 계신 키무라 유코씨, 그 외 많은 분들의 따뜻한 배려에 대해 깊은 감사를 드립니다.

2007년 베드로 지부와 187명의 열복의 해에, 시마자키 켄지

출판 후기

이 책엔 한 사람의 인생이 들어 있습니다. 스기노 사카에 목사님은 평생을 교토에서 목회자로 사시면서 교토의 여러 곳에서 하나님의 흔적을 찾아다녔습니다. 오랜 시간 동안 교토의 사찰을 한곳 한곳 찾아다니며 남겨진 그리스도의 흔적들을 찾아내 연구하고 기록하고 정리했습니다. 그리고 평생 월급을 받지 않은 채 목회를 하며 이 이야기들을 알리며 살아오셨습니다.

그래서 우리는 이 책을 통해 교토에 남아 있는 그리스도교의 놀라운 흔적들을 마주대할 수 있습니다. 하지만 정말 안타깝게도 일본에 들어왔던 그리스도교의 흔적들은 잊히거나 사라져가고 있습니다. 또 많은 이들이 그 흔적들에 관심을 갖지 않습니다. 그 흔적들은 일본의 전통과 문화 속에 스며들어 일본화되었거나 변형되었습니다. 하지만 다른 시각으로 바라보면 그럼에도 결코 변질되지 않은 그리스도의 사랑과 정신이 분명하게 남아 있습니다.

우리는 이 책을 통해 교토의 남겨진 그리스도의 유적을 돌아보며 결코 변하지 않는 그리스도의 사랑이 무엇인지 찾아보고 느끼고 생각할 수 있습니다. 그리고 그 변하지 않는 그리스도의 사랑을 결코 포기하지 않으려 애쓰며 죽음 앞에 몸부림쳤던 사람들의 흔적들을 통해 삶과 믿음이란 무엇인지에 대한 질문을 해볼 수도 있을 것입니다.

한국과 일본은 많은 역사에서 얽혀 있습니다. 일본에 그리스도교가 전해졌던 시기와 일본의 조선 침략 시기는 묘하게 연결되어 있습니다. 그리스도교를 받아들였던 많은 쇼군과 다이묘, 그리고 무사들은 1592년 임진왜란에 참전했고, 조선 침략의 최전선에서 십자가 깃발을 든 채 조선을 침략했습니다. 우리는 그런 역사의 아이러니를 통해서도 그리스도교의 진정성에 대해 생각해 볼 수 있습니다.

누군가는 일본 교토에 남겨진 그리스도교의 유산들이 단지 가톨릭의 역사라고 말할 수도 있을 것입니다. 또한 그것은 예수회의 이야기라고 할 수도 있습니다. 하지만 당시의 일본은 아직 그리스도교의 종교개혁과 개신교에 대해 잘 몰랐습니다. 그 가운데에서도 우리가 그리스도의 사랑과 그 변하지 않는 정신을 찾아간다면 더 귀한 보물을 찾아낼 수 있을 것입니다.

물론 한국 사람들에게는 어려운 지명과 이름을 찾아가는 일이 쉽진 않겠지만, 이 책이 조금이라도 길잡이가 되어 주길 진심으로 바랍니다.

  부디 교토를 여행하실 때, 근처에 남겨진 그리스도교의 유산들을 한번쯤 돌아보시길 바랍니다. 분명 색다른 여행이 될 것입니다. 그리고 그 여행은 더욱 풍성하고 의미 있는 성찰의 여정이 될 것입니다. 한국어판 출판을 허락해 주신 스기노 사카에 목사님께 진심으로 감사드리며 경의를 표합니다.

2024년 4월, 정감스토리

저자 | 스기노 사카에 목사
1933년 후쿠오카현 키타큐슈시 토바타구에서 출생했다. 1961년에 사이난가쿠인대학 신학과를 졸업하고 교토 개척 전도를 위해 라쿠사이 우쿄구 하나조노에 거주하며 전도 활동을 시작했다. 1967년에 일본 침례연맹 교토 라쿠사이교회를 창설하고 목사로 취임 후 60여 년 사역했다. 교토 기독교사 연구회를 만들었고 교토의 그리스도교 유적을 발굴해왔다.

번역자 | 전미진
경상국립대학교 인문대학 독어독문학과를 졸업했다. 동경 와세다대학 대학원 제1문학부 심리학과 석사과정에서 공부했으며, 동경 도립 록폰기 고등학교 한국어 ALT 강사로 출강했다. 2013년부터는 한국에서 일본어 강사 및 상담회 통역사, 번역 작가로 활동하고 있다.

정감스토리 Jung Gam Story
정감있는 이야기로 세상을 아름답게 물들이고 싶은 소망을 가진 문화 콘텐츠 회사. 장편 영화 <누나>와 다큐멘터리 <베데스다 인 제팬> <조선인 여공의 노래>등을 제작했으며, 융복합 음악 시집<사랑해 아줌마>, 동화책 <히가시 소노기>등을 출간했다. 한국과 일본에서 극영화, 다큐멘터리, 책, 동화 등의 다양한 문화 콘텐츠를 만들어가고 있다.

사랑이 없이는
나는
아무것도 아닙니다

고린도전서 13:2